ADVANCE PRAISE FOR

Maghreb Divers

"'*Maghreb Divers* examine la question du plurilinguisme au sein-même de la production littéraire et à travers sa critique au cours d'une période séminale: celle du quart de siècle qui a suivi les indépendances. L'étude interpelle en particulier le mouvement critique qui a érigé dès le début une opposition arbitraire, à la fois facile et inexacte, entre les langues 'arabe' et 'française.' Cet ouvrage constitue ainsi un plaidoyer passionné pour la reconnaissance de la complexité multiglossique des cultures maghrébines."

*Bernard Aresu, Professor and Chair, French Studies,
Rice University, Houston, Texas*

"Les chercheurs trouveront dans l'étude d' Alek Baylee Toumi, une source d'information précieuse et originale concernant le contexte linguistique, littéraire et historique du Maghreb contemporain. Ce livre démontre que la créolité des langues présentes dans cette région joue un rôle essentiel dans le climat de violence qui touche l'Algérie depuis maintenant dix ans. La publication d'Alek Baylee Toumi est tout à fait actuelle."

Patricia Geesey, Associate Professor of French, University of North Florida

"L'etude d'Alek Baylee Toumi ancre les réflexions subtiles d'Abdelkebir Khatibi dans la réalité de la pratique linguistique du Maghreb contemporain. La maîtrise et l'inventivité des auteurs qu'il examine démontrent à quel point il devient absurde de refuser aux créateurs maghrebins le droit d'écrire en français et à quel point il est réducteur et même massacrant de vouloir décréter une seule langue officielle aux peuples qui se servent allègrement selon la situation de plusieurs langues—libres de toute pensée de soumission à une quelconque colonisation."

Judith G. Miller, Professor of French, New York University in France

"Ce livre est d'une grande importance puisqu'il fait repenser la fonction de la langue dans un pays post-colonial, tel que l'Algérie. De plus, il nous demande de tenir compte des differences immenses qui existent entre les langues écrites et parlées."

Peter Schofer, Professor of French, University of Wisconsin-Madison

Maghreb Divers

Francophone Cultures and Literatures

Michael G. Paulson & Tamara Alvarez-Detrell
General Editors

Vol. 38

PETER LANG
New York • Washington, D.C./Baltimore • Bern
Frankfurt am Main • Berlin • Brussels • Vienna • Oxford

Alek Baylee Toumi

Maghreb Divers

Langue française, langues parlées,
littératures et représentations des Maghrébins,
à partir d'Albert Memmi et de Kateb Yacine

PETER LANG
New York • Washington, D.C./Baltimore • Bern
Frankfurt am Main • Berlin • Brussels • Vienna • Oxford

Library of Congress Cataloging-in-Publication Data
Toumi, Alek Baylee.
Maghreb divers: langue française, langues parlées, littératures et représentations des
Maghrébins à partir d'Albert Memmi et de Kateb Yacine / Alek Baylee Toumi.
p. cm. — (Francophone cultures and literatures; v. 38)
Includes bibliographical references.
1. North African literature (French)—History and criticism. I. Title. II. Series.
PQ3988.5.N6 T68   840.9'961—dc21   2002016294
ISBN 0-8204-5838-4
ISSN 1077-0186

Die Deutsche Bibliothek-CIP-Einheitsaufnahme
Toumi, Alek Baylee:
Maghreb divers: langue française, langues parlées, littératures et représentations des
maghrébins à partir d'Albert Memmi et de Kateb Yacine / Alek Baylee Toumi.
–New York; Washington, D.C./Baltimore; Bern;
Frankfurt am Main; Berlin; Brussels; Vienna; Oxford: Lang.
(Francophone cultures and literatures; Vol. 38)
ISBN 0-8204-5838-4

The paper in this book meets the guidelines for permanence and durability
of the Committee on Production Guidelines for Book Longevity
of the Council of Library Resources.

© 2002 Peter Lang Publishing, Inc., New York

All rights reserved.
Reprint or reproduction, even partially, in all forms such as microfilm,
xerography, microfiche, microcard, and offset strictly prohibited.

Printed in the United States of America

*A mon père le vieux Kabyle, républicain profondément laïc,
qui a toujours été fier de ses origines.*

*Au père-blanc René Robert, au père supérieur Michel Vidil,
hommes bons, sincères et intègres, mes pères spirituels.*

*A Khalida Toumi-Messaoudi, femme brave et courageuse,
en lutte pour la liberté et la démocratie.*

TABLE DES MATIÈRES

Préface ix

Remerciements xi

Introduction 1

PREMIERE PARTIE

  I Le pôle dominant 11
  II Le pôle dominé 28
  III Le cas Kateb Yacine 45

DEUXIEME PARTIE

  IV La question du public 63
  V La question de la langue 76

TROISIEME PARTIE

  VI Maghreb multiglossique 91
  VII Nouvelles hypothèses 109
  VIII La marâtre et les impures 133

Conclusion 147

Bibliographie 153

PRÉFACE

Avec *Maghreb Divers* Alek Baylee Toumi nous offre ce qu'il appelle un "plaidoyer pour la diversité linguistique et culturelle". En s'appuyant sur le Maghreb, et particulièrement sur l'Algérie, il examine la dynamique sociale due au plurilinguisme de la région, une dynamique sujette à des forces tantôt évidentes, tantôt nuancées.

Maghreb Divers est une véritable "défense et illustration" logique et raisonnée de l'oralité, de la multiplicité culturelle (qui signifie aussi, bien sûr multiplicité éthnique et politique), de tamazight (langue des Kabyles), de ce qu'il appelle le "farabe", soit l'arabe dialectal qui consiste en composants puisés dans l'arabe, le berbère et le français, et le français qui faute de mieux reste un véhicule incontournable d'expression technique et littéraire pour certains Maghrébins.

Toumi résume bien le terrain linguistique et culturel qu'il arpente avec logique et élégance: "Le fait est que nous sommes en présence de non pas deux, ni trois langues en compétition mais plutôt de quatre: deux langues maternelles, 'l'arabe populaire dialectal algérien' et le berbère, et de deux langues étrangères, le français et l'arabe classique. Les deux premières langues citées sont les langues maternelles de la majorité de la population. Dans les discussions de tous les jours, les gens se servent du farabe, du berbère; le français, bien que langue étrangère, est utilisé quotidiennement, notamment dans les grandes villes. Elle demeure toujours l'outil de travail de la majorité des intellectuels, alors que l'arabe classique, si elle est certes la langue du discours officiel, il faut le dire sans complexe, n'est la langue maternelle de personne.

N'oublions pas son nom puisque "Alek Baylee" cède l'anagramme "le Kabyle"; car Toumi souligne que la campagne d'arabisation en Algérie depuis les années soixante représente un effort politique autant que culturel ; et pour sauvegarder l'authenticité des gens analphabètes et/ou élevés dans une tradition orale et qui n'ont pas accès aux richesses de la tradition littéraire "arabe-orientale", Toumi riposte de sa part avec sa propre campagne pour défendre la justice et la beauté démocratique des richesses plurilingues de son pays et pour résister à l'oppression et à l'occultation des impulsions populaires et spontanées derrière un mur linguistique et culturel que l'on érige de nos jours entre le pouvoir et le peuple.

Eric Sellin
Professeur Emeritus
Tulane University
New Orleans, LA

REMERCIEMENTS

J'aimerais remercier les Professeurs Gilles Bousquet et Sabine Loucif pour leurs nombreuses critiques, leurs maintes suggestions et leurs encouragements. J'aimerais aussi remercier les Professeurs Judith Graves Miller et Peter Schofer pour leur aide généreuse et leur soutien moral. J'aimerais enfin remercier les professeurs Bernard Aresu, Eric Sellin et Christiane Chaulet-Achour ainsi que Monsieur Albert Memmi d'avoir gentiment accepté de lire mon manuscrit.

INTRODUCTION

En 1957, dans la première édition du *Portrait du colonisé*, Albert Memmi déclarait que la littérature maghrébine d'expression française était vouée à disparaître une fois l'indépendance acquise, du fait de l'arabisation:

> "La littérature colonisée de langue européenne semble condamnée à mourir jeune"[1].

Vingt-cinq ans plus tard, dans sa préface à l'*Anthologie des écrivains francophones du Maghreb*, Memmi revient sur sa déclaration, reconnaissant qu'il avait émis un jugement un peu hâtif sur ce sujet:

> La langue française n'a rien perdu au Maghreb, en importance et en prestige, mais quelles que soient les promesses, notables déjà, de la renaissance arabe, force est de le constater, les écrivains les plus neufs l'empruntaient à leur tour, avec le même naturel que leurs aînés, et, quelquefois même, avec plus de liberté[2].

Non seulement la littérature maghrébine d'expression française n'a pas disparu mais il semble bien que c'est l'inverse qui se soit précisément produit: la nouvelle classe de mandarins maghrébins, la grande majorité d'experts, de technocrates, d'intellectuels, s'exprime encore et surtout écrit toujours en français.

Le but de cette étude est de montrer pourquoi la langue et la littérature françaises n'ont pas disparu au Maghreb, notamment en Algérie, contrairement aux "prédictions" des intellectuels français et de leurs homologues maghrébins à la fin des années cinquante, pendant les années soixante et

---

1. Albert Memmi, *Portrait du colonisé* (Paris: Gallimard, 1985) 130.
2. Albert Memmi, *Ecrivains francophones du Maghreb* (Paris: Seghers, 1985) 10–11.

soixante-dix. Cette question s'inscrit sur le fond de deux problèmes principaux concernant l'intellectuel maghrébin: le rapport de l'écrivain avec la langue française, et celui d'un public aux langues multiples.

La guerre d'Algérie, qui s'est terminée en 1962 est bien loin, et l'on n'arrive pas encore à expliquer pourquoi beaucoup de Maghrébins continuent de vivre à l'ouest, notamment en France, dans cet occident tant honni, vomi, combattu. Ils semblent condamnés à y trouver refuge dès qu'ils se trouvent exclus de leur patrie:

> Moi je suis mal à l'aise dans mon pays natal et n'en connais pas d'autre, ma culture est d'emprunt et ma langue maternelle infirme, je n'ai plus de croyances, de religion, de traditions et j'ai honte de ce qui en eux, résiste au fond de moi[3].

Ces propos de Memmi tenus dans les années cinquante, demeurent authentiques et universels aujourd'hui: ils continuent à décrire la solitude, le désespoir et l'aliénation de ses frères de l'exil.

Beaucoup d'intellectuels français, africains, arabe-orientaux et américains se demandent encore, pourquoi ces Maghrébins s'obstinent à écrire dans la langue de l'ancien colonisateur plutôt que dans leur langue maternelle, sans jamais s'interroger sur la validité de cette question[4]. Le sens commun veut que l'on dise que les Maghrébins sont "arabes", de langue maternelle "arabe", mais qu'ils écrivent en français. Pourquoi donc l'écrivain maghrébin qui, depuis bien avant *L'immoraliste* de Gide au début du siècle, jusqu'à aujourd'hui, s'est toujours vu représenté en cet autre, "l'Arabe", s'exprime-t-il et écrit-il toujours en français? Y a-t-il un mythe arabe qu'on a voulu imposer au Maghreb, en chassant à tout prix la langue française, ce dernier vestige de la colonisation, et qui a plongé la région dans une nouvelle forme de colonialisme? Ce mythe est-il différent ou en conflit avec "l'image" de "l'Arabe" de la littérature française? Comment expliquer, plus de quarante ans après la fin de la guerre d'Algérie, cette distance qui demeure entre l'écrivain maghrébin et la langue française? Mais comment expliquer, à l'inverse, l'échec de l'arabisation, la continuité et l'usage de la langue française et le développement de la littérature francophone? Comment expliquer que l'Algérie ne fasse toujours pas officiellement partie de la francophonie, mais qu'elle demeure, en même temps, par l'usage de la langue française, par ses échanges économiques et culturels, le plus grand pays francophone en dehors de l'Hexagone? Comment expliquer que cet instrument de colonisation et d'oppression qu'était la langue française,

---

3. Albert Memmi, *La statue de sel* (Paris: Gallimard, 1953) 364.
4. On m'a plusieurs fois posé cette question dans des colloques internationaux, et à la Modern Language Association.

se soit transformé en l'espace d'une génération en un véritable outil de libération, indispensable au travail de tout intellectuel maghrébin?

Langue maternelle pour les citoyens de l'Hexagone, pilier fondamental de l'identité française, cette langue française demeure toujours la seconde langue mère ou plutôt la "langue marâtre" que beaucoup d'intellectuels maghrébins ont adoptée. Aussi devons-nous nous interroger sur les relations que ces anciens enfants entretiennent avec cette "autre mère" maintenant qu'ils ont grandi, ainsi que sur leurs éventuels problèmes d'identité. Qu'est-ce qui se cache derrière et "autour de" cette langue française à la fois omniprésente et partout pourchassée?

L'étudiant et le poète

> "Pourquoi ne vous exprimez-vous toujours pas en arabe? Moi, je m'attendais à voir un poète marocain et un intellectuel arabe, parler en arabe! Vous, vous parlez français, vous êtes . . . presque français[5]."

Visiblement exaspéré, Abdellatif Laâbi, à qui s'adressaient ces paroles, avait tenté d'expliquer une nouvelle fois que la majorité de la population maghrébine demeurait encore analphabète; que la majorité des gens lettrés s'exprimaient en français. S'il écrivait, publiait et utilisait toujours le français comme langue de travail, c'était parce que son pays avait été une colonie française. Il ajouta toutefois, qu'il refusait "d'être le tirailleur sénégalais de la francophonie"[6].

Comment une question aussi simple peut-elle soulever tant de passions brutales? Pourquoi tant de silence et de non-dits, tant de malaises et d'interdits? Il est vrai que cela fait plus de quarante ans que la guerre d'Algérie a pris fin et l'on arrive difficilement à expliquer pourquoi tous ces Maghrébins, hommes et femmes de lettres ou de science, médecins, architectes, ingénieurs, ces intellectuels engagés et révolutionnaires, ou bien bons bourgeois, opportunistes et passifs, s'obstinent à écrire "en français" et s'abstiennent d'écrire dans leur langue maternelle! "Complexe du colonisé" nous diront les experts en la matière, ces spécialistes du Moyen-Orient, que les médias occidentaux invitent encore aujourd'hui à disserter sur l'Algérie en crise. Complexe du colonisé, devenu formule fourre-tout, très appréciée dans le dictionnaire de la tenue correcte, politiquement comme il faut, formule réitérée par les spécialistes des différents courants littéraires selon la mode, ou tout simplement par les mauvaises langues.

---

[5]. Cette remarque fut faite par un étudiant américain, lors d'une conférence en été 1990, au poète marocain Abdellatif Laâbi.
[6]. Abdellatif Lâabi. Conférence du 21 juin 1990 à l'université du Wisconsin-Madison.

Si ces experts avancent encore des réponses parfois triviales, c'est peut-être parce qu'ils ont souvent tendance à trop simplifier des situations complexes, et comprises partiellement. Aussi répètent-ils les formules toutes faites: "l'ancien indigène affranchi n'arrive pas à oublier la langue colonisatrice, véritable boulet qui l'enchaîne." Ou encore, "l'esclave demeure attaché à son ancien maître qui le tient toujours en laisse." A supposer que ces affirmations soient en partie vraies, comment pourrait-il faire autrement, lui qui reste toujours endetté pour l'éternité, colonisé économiquement et en grande partie culturellement? Que de fois n'a-t-on entendu et parfois répété soi-même, par exemple, qu'Albert Camus a préféré "sa mère à la justice", qu'il avait trahi son idéal, voire qu'il était raciste[7]? Parmi les maintes déclarations qui concernent la littérature maghrébine d'expression française, s'est-on jamais interrogé sur certains de ces propos controversés qui affirmaient qu'elle était vouée à disparaître[8]? A-t-on jamais douté de certaines de ces vérités toutes faites qui consistent à faire de l'Algérie, "l'Arabie de l'Afrique"[9]? Ne devrait-on pas commencer par remettre en question les affirmations suivantes: "la langue maternelle des Maghrébins est "l'arabe", c'est un peuple d'Arabes, ils sont musulmans, mais ils refusent d'écrire "en arabe[10]!"

Pourquoi donc est-ce que ces Maghrébins produisent la plus grande partie de leur littérature toujours en français, au grand désespoir de l'extrême droite islamiste au Maghreb? Ces Maghrébins, dont les stars de la plume ont le culot d'entrer en compétition pour les grands prix littéraires, bousculent par moment les ayants droit. Un des leurs, Tahar Ben Jelloun, n'a-t-il pas remporté le Goncourt en 1988, lui qui n'écrit toujours pas "en arabe", sa langue maternelle. A propos de cette langue française, en conflit presque permanent avec ces dialectes nord-africains, avec cette langue "arabe":

> "Etrange qu'on ne veuille comprendre que ce qui vous conforte dans vos idées, vos préjugés, votre ignorance ou votre intelligence de tel ou de tel problème[11]".

S'il est un aspect indéniable de l'ancien monde colonisé francophone, c'est la richesse et la variété de ce monde, constamment en mouvement, mais où certains ne veulent souvent voir que de l'exotisme et qu'ils s'obstinent à décrire sous une forme statique. On a souvent cru découvrir l'Afrique du Nord à

---

7. Nous examinerons en détail cette célèbre déclaration dans le chapitre "Le pôle dominé".
8. Propos tenus par Memmi, Haddad, et qui seront étudiés dans le premier chapitre.
9. Omar Aktouf, *Algérie entre l'exil et la curée* (Paris: L'Harmattan, 1989) 102.
10. Ce commentaire est un corollaire qui découle logiquement de la politique arabo-musulmane des gouvernements algériens.
11. Rachid Boudjedra, *FIS de la haine* (Paris: Denoël, 1992) 118. Les pages seront désormais indiquées entre parenthèses, à la fin de chaque citation.

travers la littérature ou les médias, à un certain moment de l'histoire par l'intermédiaire d'un mouvement littéraire, aujourd'hui rangé au musée des années soixante, qui n'a présenté qu'un côté du monde des colonisés, souvent subjectif:

> A Alger, en lisant les journaux étrangers ou en regardant les télévisions françaises, on est pris par le tournis. Est-ce de nous qu'on parle? Est-ce de ce pays dans lequel nous vivons, que nous arpentons à longueur de temps qu'il s'agit? Tellement, il y a encore une énorme différence entre la réalité et ce que racontent certains journaux handicapés par leur ignorance de la langue arabe et de la langue berbère, par leur peur et par leur mauvaise foi (116).

Mais qu'en est-il précisément de la réalité, au delà de tout programme culturel officiel, au delà de tout agenda politique gouvernemental, au delà de toute démagogie nationale? S'est-on demandé dans quelle langue parlent ces Maghrébins? Dans leurs rapports quotidiens, dans leurs lectures, dans leurs loisirs, dans quelle langue est-ce qu'ils rient, dans quelle langue est-ce qu'ils pleurent? S'est-on demandé dans quelle langue sont rédigées les lettres que les Algériens immigrés envoient en Algérie? S'est-on jamais interrogé sur la gymnastique entre les langues que doit pratiquer tous les jours l'Algérien moyen, par exemple, entre la langue de sa famille, celle de la rue, celle du travail, celle de l'école, et celle de la télévision? S'est-on jamais interrogé sur les conséquences que ces traductions permanentes, d'un dialecte à une langue et d'un dialecte à l'autre, peuvent avoir sur une littérature d'expression française? S'est-on jamais demandé dans quelles langues s'expriment les Algériens entre eux dans leur famille? A propos, quelles sont leurs langues maternelles? Est-ce que l'on sait, aussi incroyable que cela puisse paraître, qu'aujourd'hui encore, l'arabe (classique ou oriental) n'est la langue maternelle d'aucun Algérien[12]! Enfin, dans quelle langue est-ce qu'ils produisent leur littérature et pourquoi cette langue et non une autre?

Demandez à n'importe quel expert en la matière, même s'il n'a jamais mis les pieds en Algérie, dans quelle langue on s'exprime, dans la rue, au travail, au café, à la télé, et il vous répondra: -Mais, "en arabe", c'est tellement évident. Ils sont Arabes, parlent l'arabe, écrivent en arabe, dira-t-il pour rappeler les théories fumeuses que l'on a entendues. De plus, ils sont tous musulmans, ajoutera-t-il pour mieux vous convaincre. On ne nous a que trop habitués au slogan de l'unicité, une seule langue et un seul peuple arabe uni et uniforme, une religion avec une et une seule interprétation officielle. L'uniformité à tout

---

12. Constatation que nous faisons, que nous démontrerons dans les chapitres à venir et qui "gêne", car elle va à l'encontre de la politique arabiste du FLN.

bout de champ est rabâchée, ressassée, notamment en Algérie, par les différents pouvoirs jacobins qui se sont succédés, les bureaucrates-socialistes du parti FLN qui votent l'arabisation massive pour chasser la langue de Voltaire. Ces anciens socialistes, reconvertis au marché libre, qui, comble de contradiction, égarent leurs propres enfants par avions entiers, dans cette même école du capitalisme, que naguère, ils prétendaient combattre officiellement.

Mais nous répondra-t-on, il ne faut pas mélanger les choses: la politique n'est pas la littérature. Les décisions d'un gouvernement post-colonial d'Afrique du Nord n'ont rien à avoir avec le fait que, par exemple, Albert Memmi, Tahar Ben Jelloun ou Kateb Yacine ont écrit, écrivent et publient toujours en français. Si, devons-nous répondre. Hélas, pour les tenants d'un discours dominant, omniprésent et répété depuis plusieurs décades. On devrait peut-être soutenir l'argument inverse, que la littérature et la politique sont extrêmement liées, que le texte et son contexte sont inséparables, surtout au Maghreb. Il est d'ailleurs très difficile de comprendre cette littérature sans un minimum de connaissance des cultures, des sociétés, des peuples et des civilisations qui s'y sont succédés. La vérité inébranlable de ces affirmations rarement questionnées semble résider dans deux paramètres qui reviennent incessamment: la langue arabe et la religion musulmane. D'aucuns rétorqueront qu'il y a, bien sûr, des résidus berbères et même francophones, mais qu'il ne faut pas être malhonnête et nier que la majorité de la population du Maghreb est restée "arabe et musulmane". La réalité est qu'il n'y a pas qu'un seul peuple arabe, et qu'il n'est pas uni et encore moins uniforme[13]. Quand à la religion, il n'y a pas une et une seule manière d'interpréter l'Islam.

Une simple transposition de cet argument en Europe en montre le non sens. Si on disait que le Français parle la même langue que l'Espagnol, ou que le Portugais parle la même langue que l'Italien, l'absurdité de l'affirmation paraîtrait évidente. Il ne manquerait plus qu'à compléter ces propos avec l'élément religieux pour calquer l'argument précédent et dire que les Français, les Espagnols, les Portugais et les Italiens sont, pour la grande majorité, chrétiens. On nous répondrait que l'argumentation est, pour le moins qu'on puisse dire, faible pour ne pas dire ridicule. On pourrait alors, pour faire monter les enchères, dire, qu'ils sont tous blancs et européens. Et que leurs langues parlées sont des langues romanes aux caractères latins. Ils utilisent d'ailleurs le même alphabet qui descend du même vieux latin que parlaient les Romains. Ils parlent tous la langue romane, ils sont tous chrétiens, donc ils sont "les mêmes": ce sont ces "séparatistes" Français qui refusent de parler latin[14],

---

13. A t-on oublié les conflits frontaliers entre le Maroc et l'Algérie, l'Algérie et la Lybie, la Lybie et l'Egypte, le Liban et la Syrie, la Syrie et l'Irak, sans mentionner la guerre du golfe.
14. On accuse souvent les Kabyles de séparatistes qui refusent de parler "arabe".

langue de la bible, de leurs ancêtres latins! Comme on le voit si bien, sans même mentionner les langues régionales, transposée et adaptée au nord de la Méditerranée, et malgré les deux paramètres de langues romanes et de religion chrétienne auxquels est venue s'ajouter un troisième, la race blanche latine, cette affirmation devient des plus ridicules et l'argumentation devient un bel exemple d'absurdité. Pourtant, on la fait sans la moindre gêne pour l'Afrique du Nord. Remplacez les termes européens et chrétiens, par arabes et musulmans, français et espagnols par algériens et égyptiens et vous obtiendrez: les Algériens sont des arabes, les Egyptiens aussi. Ils sont tous musulmans, aussi parlent-ils la même langue. N'entend-on pas souvent répéter que "tous les Arabes se ressemblent, on se demande comment ils font pour se reconnaître"[15], généralisations combien ignorantes, comportant en filigrane un certain "racisme tranquille et populaire"[16].

Si on reconnaît les différences des uns, qui font leur grande variété, leur grande beauté et leur grande richesse, on s'obstine à les refuser aux Autres, à refuser au Maghreb sa dimension africaine, à lui nier sa dimension méditerranéenne, à vouloir le cantonner dans un passé mythique du huitième siècle et ceci malgré ses quatre mille ans d'histoire. A force d'avoir tenu ce genre de discours préconçu, ces idées toutes faites pendant des années, des décennies et des siècles, on a fini par y croire. Il est grand temps de les remettre en question, d'accorder les discours et les mythes au diapason de l'histoire, de corriger la version officielle et mythique de l'histoire par l'histoire vraie et le vécu sur le terrain. Il est grand temps de questionner ces grands mensonges dont on a affublé les civilisations et les littératures d'Afrique du Nord. Tel est le but de cette entreprise, qui s'applique à remettre en question ces "axiomes", à démystifier le contexte de la langue française au Maghreb, en commençant par examiner les textes francophones et les itinéraires, notamment d'Albert Memmi et de Kateb Yacine.

L'objectif de ce travail est non seulement d'expliquer le contexte maghrébin, de dévoiler les différentes couches qui en font la complexité et la richesse, mais aussi et surtout, de défendre les langues et les cultures maghrébines, notamment la langue et la culture berbères opprimées, ainsi que la langue française considérée non grata en Algérie. Ce travail se voudrait aussi être un plaidoyer pour la pluralité, la diversité et la démocratie, contre l'unicité linguistique et l'exclusion culturelle. A l'exception de quelques ouvrages de référence, l'ensemble des textes choisis couvre la période allant de la fin des années cinquante, jusqu'à la fin des années quatre-vingts. Loin d'être exhaustif, le choix de ces textes nous est apparu comme représentatif des jalons posés à la fois contre un silence imposé, et pour la pluralité et la liberté. Visant surtout

---

15. Ou encore que tous les Chinois se ressemblent, que tous les Noirs se ressemblent.
16. Tahar Ben Jelloun, *Hospitalité française* (Paris: Seuil, 1984) 50.

un public nord-américain et européen, cet ouvrage tente d'offrir une meilleure compréhension du texte francophone, plus proche des réalités maghrébines. Certes une nouvelle génération de chercheurs francophones, comme Christiane Chaulet-Achour ou Najet Khadda, qui font autorité en France depuis une décennie, demeure assez mal connue en Amérique. De nouvelles revues "inclusives", comme *Le Maghreb Littéraire* ou encore *Algérie Littérature Action*, qui ont vu le jour respectivement à Toronto et Paris au milieu des années 90, sont en train de s'imposer par le sérieux et la qualité de leur travail. Dans la même optique inclusive, un second essai qui s'intitulera, *Eloge de la maghrébinité*[17], traitera de la question d'un Maghreb multiple où toutes les langues, toutes les littératures et cultures, seront reconnues, où toutes les personnes s'exprimeront librement, sans distinction de race, de religion, ou d'origine ethnique.

Notre travail est divisé en trois grandes parties. Dans la première, à partir du *Portrait du colonisé*, nous commençons par définir le "pôle dominant," expression désignant un groupe d'intellectuels qui avait prédit la disparition de la littérature maghrébine d'expression française, dans le cadre d'une Algérie uniquement arabe. En étudiant Abdellatif Laâbi, Kateb Yacine, ainsi que les écrivains français d'Algérie dits «algérianistes», nous tentons de dégager dans le "pôle dominé", l'autre position latente, qui revendiquait l'usage de la langue française. La seconde partie de ce travail se concentre sur l'examen et la remise en question des travaux sur la littérature maghrébine d'expression française qui ont malgré eux, cautionné les thèses du pôle dominant. Nous analysons la question du public chez Jean Déjeux et Charles Bonn, et nous montrons pourquoi leurs conclusions s'avèrent inexactes aujourd'hui. Nous examinons l'étude de Jacqueline Arnaud sur la question de la langue des Maghrébins et nous relevons les contradictions d'Albert Memmi dans *La statue de sel*. Dans la troisième partie, nous présentons la complexité du contexte où vivent et évoluent la langue et la littérature françaises, ainsi que la situation d'éternelles "immigrées" des langues maternelles. Nous examinons les représentations "arabes" des Maghrébins et nous nous interrogeons sur l'image que peut véhiculer ce mythe de l'identité. Enfin, nous tentons de réhabiliter les deux langues maternelles, arabe-algérien et berbère, ainsi que la langue française en Algérie.

Notre approche, qui consiste précisément à remettre en question ces hypothèses considérées toujours vraies, offre une nouvelle perspective sur le contexte nord-africain et contribue, modestement, à mieux faire comprendre la richesse de la littérature maghrébine d'expression française et de la société nord-africaine.

---

17. L'essai *Eloge de la maghrébinité* est en cours.

PREMIERE PARTIE

CHAPITRE 1

LE PÔLE DOMINANT

En examinant les études faites jusqu'à présent sur l'avenir de la littérature maghrébine d'expression française, on ne peut s'empêcher de remarquer, chez les écrivains, la constante occurrence de deux oeuvres. Que ce soit Isaac Yetiv[1], Charles Bonn[2], Jean Déjeux[3], ou Jacqueline Arnaud[4], lorsqu'il s'agit de défendre leur position et de justifier leurs analyses sur la littérature francophone du Maghreb, tous font référence au *Portrait du colonisé* d'Albert Memmi et à *Les zéros tournent en rond* de Malek Haddad. Aussi nous a-t-il paru nécessaire de relire ces deux textes, en les remettant dans leur contexte, et ce avec plus de quarante ans de recul. Nous utiliserons ces deux oeuvres comme point de départ dans notre projet de démantèlement, celui qui consiste à proposer que ce qui a été démontré pendant les années soixante, réaffirmé pendant les années soixante-dix et quatre-vingts, représente ce qu'on appelle la position dominante. Elle pourrait se formuler ainsi: l'Algérie est une nation arabe, avec un peuple arabe, une religion, l'Islam et une langue arabe. C'est la position officielle du parti FLN en Algérie depuis 1962[5]. Celle-ci affirmait l'unité de langue, la langue "arabe" par opposition à la langue française, et l'homogénéité de la population. A l'exception de rares intellectuels ou écrivains "minoritaires" tels Mouloud Mammeri, très vite d'ailleurs accusés de séparatistes Kabyles[6], et du poète marocain Abdellatif Laâbi[7] en 1966, la majorité des intellectuels maghrébins épousèrent les thèses dominantes.

---

1. Isaac Yetiv, *Le thème de l'aliénation dans le roman maghrébin d'expression française* (Celef: Sherbrooke, Québec, 1974).
2. Charles Bonn, *La littérature algérienne de langue française et ses lectures* (Québec: Naaman, 1974).
3. Jean Déjeux, *Littérature maghrébine de langue française* (Québec: Naaman, 1975).
4. Jacqueline Arnaud, *La littérature maghrébine de langue française* (Paris: Publisud, 1986).
5. Aktouf 102.
6. Après l'indépendance, le Front des Forces Socialistes, parti revendiquant une Algérie démocratique et laïque, implanté en Kabylie et à Alger, fut créé par Hocine Aït-Ahmed. Ce dernier avait été en 1954 un des membres fondateurs du FLN algérien.
7. Dans le prologue de la revue *Souffles* publié dans *La violence du texte* de Marc Gontard.

Le *Portrait du colonisé* fut publié pour la première fois en 1957 au milieu de la guerre d'Algérie[8], alors que *Les zéros tournent en rond* date de 1961, un an avant la fin de cette guerre, période très précaire et très meurtrière[9]. Si ces deux oeuvres sont souvent citées, si les critiques ci-dessus y font constamment référence, sans presque jamais remettre en question la position de Memmi et de Haddad, c'est que ces oeuvres représentaient la position "naturelle", dominante à l'époque, celle qui voyait une Algérie unifiée, mais arabe et musulmane. Il faudrait mentionner que ces deux auteurs furent victimes de la censure qui sévissait alors: le livre de Memmi fut tout simplement interdit en France, alors que Malek Haddad voyait son roman *La dernière impression* saisi en 1958. Ces détails mettent en relief la gravité du contexte de l'époque, sur lequel nous reviendrons ultérieurement[10].

Cette étude commencera par l'analyse de la conclusion de la thèse d'Isaac Yetiv, intitulée *Le thème de l'aliénation dans le roman maghrébin d'expression française*, soutenue à l'université du Wisconsin-Madison en 1969, et dans laquelle Yetiv rejoint la position dominante. Même si l'étude de Yetiv ne fait plus autorité dans le domaine, il n'en demeure pas moins qu'elle reste significative dans la mesure où elle reprend des hypothèses encore utilisées de nos jours. Ainsi, reprenant les positions de Memmi et de Haddad, héritées de la guerre d'Algérie, Yetiv va lentement mais sûrement achever de mettre en terre la littérature maghrébine de langue française. Nous nous demanderons tout d'abord si la démonstration de Yetiv ne présente pas quelques faiblesses. Ensuite, une fois la position de Memmi étudiée, le texte de Haddad sera analysé en détail. Les hypothèses dominantes seront remises en question et comparées à celle de Kateb Yacine qui apparaît comme l'un des représentant originel du "pôle dominé".

La position d'Isaac Yetiv

Dans la conclusion de sa thèse, Isaac Yetiv commence par s'interroger en ces termes sur l'avenir de la littérature maghrébine d'expression française:

> Nous essaierons aussi de répondre à une deuxième question beaucoup plus large et plus importante, devenue très actuelle avec l'indépendance de l'Algérie en 1962: la

---

8. La guerre d'Algérie a commencé le 1er novembre 1954 et s'est terminée le 5 juillet 1962, après 130 ans de colonisation, 7 ans et demi de "sale guerre". Selon le FLN, il y a eu un million et demi de morts soit plus de 12% de la population indigène. Selon les sources françaises, il y a eu 500 000 du côté algérien et 30 000 du côté français.
9. Période de l'O.A.S, Organisation de l'Armée Secrète, d'extrême droite qui était opposée aux négociations et à l'indépendance de l'Algérie.
10. Dans le chapitre Nouvelles hypothèses.

littérature maghrébine d'expression française survivra-t-elle à l'indépendance du Maghreb? Ceci équivaut à se demander d'une part si les livres déjà publiés continueront à intéresser (et quel public?) et d'autre part, si l'on peut espérer à l'avenir, une production maghrébine écrite en français (203).

La position d'Isaac Yetiv envisage principalement trois variables: le public, la langue et le débat idéologique. C'est pour la seconde variable, en particulier, dans la partie intitulée la "langue" (216), que sa démonstration devient contestable. De plus, Yetiv se fait l'écho de la position énoncée par Memmi sur le rapport entre la langue du colonisé et le public. Yetiv mentionne ensuite la position dissidente de Laâbi et surtout celle de Kateb Yacine qu'il qualifie d'"optimiste". Il semble pencher favorablement du côté du pôle dominant et repose sa question en ces termes:

> Y aura-t-il à l'avenir (après les indépendances) une littérature maghrébine d'expression française produite en Afrique du Nord? Il faudrait voir de près les tendances et les actes des responsables concernant la place du français dans le Maghreb indépendant et l'arabisation de l'enseignement (218).

Le titre de la partie suivante annonce un verdict sans appel: "une expérience sans lendemain" (218). Dans l'élaboration de sa réponse, Isaac Yetiv rappelle que cette littérature et son développement reposaient sur un trépied: l'écrivain qui produit l'œuvre littéraire, le public qui reçoit cette littérature et des thèmes, produit d'un contexte, la colonisation qui disparaissait alors:

> Avec l'indépendance des trois pays du Maghreb et l'arabisation progressive de l'enseignement, les trois éléments constitutifs cessèrent d'exister; il s'en suit un tarissement de cette littérature qui après avoir fleuri pendant la dernière décade de la colonisation et suscité beaucoup d'espoir, semble aujourd'hui appartenir à l'histoire (227).

C'est à Albert Memmi et à Malek Haddad que Yetiv consacre ses dernières allusions, pour annoncer "le tarissement naturel de la littérature colonisée; les prochaines générations nées dans la liberté écriront spontanément dans la langue retrouvée" (228).

Citant Khatibi[11], Yetiv affirme que la fin de la guerre d'Algérie s'est accompagnée d'une baisse substantielle de la production littéraire, ajoutant que les nouvelles générations de Maghrébins nées avec l'indépendance du pays "connaîtront un peu de français mais étudieront l'arabe, penseront et écriront dans cette langue qui est leur langue maternelle" (228). Et c'est une nouvelle

---

11. Abdelkebir Khatibi, *Le roman maghrébin* (Paris: Maspero, 1968), cité par Yetiv, page 228.

fois, à l'affirmation de Malek Haddad que Yetiv fait référence, pour soutenir son argument:

> Je suis persuadé que les écrivains Algériens qui prendront la relève, ou qui la prennent déjà, n'auront pas à se poser de pareils problèmes. L'enseignement de la langue arabe, l'enseignement enfin officiel de la langue arabe, langue nationale, fera que celle-ci imprègnera et envahira tous les domaines de l'activité intellectuelle[12].

Dans la dernière partie de sa conclusion, Yetiv met un peu trop vite au cercueil la littérature maghrébine d'expression française, parlant de "vestiges":

> Quel que soit l'avenir, cette littérature maghrébine de langue française aura été l'un des plus beaux vestiges de la période française du Maghreb et un moment capital dans l'histoire de l'Afrique du Nord (229).

Il y a là donc une idéologie nationaliste, qui pour unir un peuple divers le présentait comme homogène. Il semble que nulle part Yetiv n'ait soulevé la question de la possibilité d'existence de plusieurs "dialectes" dits arabes, qui seraient complètement différents de l'arabe littéraire importée du Moyen-Orient. Et cependant le Maghreb est multiple, il a des composantes complexes et dynamiques, que nous allons essayer d'expliquer, aussi bien sur le plan des langues que sur celui des littératures et des identités. Ainsi, si l'on reprend les deux textes prédicateurs, *Portrait du colonisé* et *Les zéros tournent en rond*, il apparaît que cette position dominante, considérée "naturelle," car allant de soi, est critiquable.

La position d'Albert Memmi

En 1957, Albert Memmi publiait le *Portrait du colonisé*, essai composé de deux grandes parties, dont la première était consacrée au portrait du colonisateur. Les septième et huitième parties, "le bilinguisme colonial" et "la situation de l'écrivain," sont les plus révélatrices de la pensée de Memmi et ultérieurement de la position de Yetiv.

Dans "l'école du colonisé", Memmi s'interroge sur la "transmission de l'héritage" d'un peuple, dont le passage, dit-il, se fait par deux voies: l'éducation prodiguée aux enfants et la langue, "merveilleux réservoir sans cesse enrichie d'expériences nouvelles"(125)[13]. Le problème, selon Memmi,

---

12. Haddad, cité par Yetiv, 229.
13. Glissant appelle cela l'ensemble des expériences, ou Culture, qu'il oppose à la Nature, l'environnement ou l'entour.

est que la majorité des enfants indigènes n'ont pas la possibilité d'aller à l'école. La petite minorité, souvent enfants de privilégiés, qui a la chance de suivre des cours dispensés par le colonisateur, le fait dans la langue du colonisateur, le français, et apprend l'histoire du colonisateur. L'univers de l'école, celui que le maître transmet, non seulement ne représente pas l'univers familial, mais en est fondamentalement différent. Si la discontinuité entre ces deux mondes est indéniable, il semble que l'analyse de l'auteur soit problématique, voire contestable dans la partie intitulée "l'école du colonisé" (125). Selon Memmi, il y a une rupture entre ces deux mondes, le monde du colonisateur avec son école, son maître, sa langue et sa culture française et la "zone[14]" du colonisé, sans école, et sans maître. Ce déchirement est précisément concrétisé linguistiquement par le "bilinguisme colonial" (126). Comme la langue du colonisé est absente à l'école, ce dernier dans le meilleur des cas, passe de l'analphabétisme au "dualisme linguistique" malgré la tentative désespérée de quelques individus qui se mettent à essayer d'apprendre la langue de leur peuple:

> De petits groupes de lettrés s'obstinent, certes, à cultiver la langue de leur peuple, à la perpétuer dans ses splendeurs savantes et passées. Mais ces formes subtiles ont perdu, depuis longtemps, tout contact avec la vie quotidienne, sont devenues opaques pour l'homme de la rue. Le colonisé les considère comme des reliques et ces hommes vénérables comme des somnambules qui vivent un vieux rêve (126).

Le constat de Memmi est juste, seulement il ne juge pas nécessaire d'expliquer les raisons de cette attitude des colonisés envers ces "reliques" et ces "somnambules". Il reconnaît certes les limites du "parlé" maternel, accusant la langue du colonisateur d'être la seule cause de ce problème et n'en considère pas d'autres[15]. Il conclut que "muni de sa propre langue, le colonisé est un étranger dans son propre pays" (126). L'analyse de Memmi aboutit au bilinguisme colonial qu'il compare à un dualisme linguistique[16], entre l'arabe et le français. Sur ce point capital, Memmi explique que la maîtrise de deux langues est plus forte que l'acquisition et l'usage de deux outils, car le bilingue participe culturellement et psychiquement à deux mondes véhiculés par ces langues. Il réaffirme que la langue du colonisé, ainsi que le monde véhiculé par elle, sont écrasés et humiliés. Ce mépris de la langue "indigène" a pour conséquence d'être intériorisé par le colonisé, qui "se met à écarter cette langue infirme, à la cacher aux

---

14. Terme emprunté à Fanon, qui parlait de la "zone de colonisé".
15. Il faudrait préciser que Memmi est né et a grandi en Tunisie, pays d'Afrique du Nord où les berbérophones sont très minoritaires. De plus, à la différence de l'Algérie, la Tunisie possédait une intelligentsia bilingue, lettré en arabe classique et en français.
16. Logiquement entre le français, langue du colonisateur, et "l'arabe", langue du colonisé. Il ne tient même pas compte du berbère.

yeux des étrangers, à ne paraître à l'aise que dans la langue du colonisateur" (127). Mais, quelles sont les causes de cette attitude du colonisé? D'une part Memmi parle d'une langue infirme, de l'autre il accuse le colonisé de ne pas s'en servir et d'en avoir honte, sans en expliquer les raisons. Comment le ferait-il dans une langue "infirme"? Il y a deux possibilités de réponses à cette attitude: la première est que son complexe d'infériorité l'empêche d'utiliser cette langue, ce qui arrivait très souvent et arrive encore[17]. La seconde possibilité, non envisagée par Memmi, est que la langue maternelle du colonisé, celle qu'il parle chez lui, à la maison et dans la rue, s'est atrophiée et est devenue très peu "pratique"[18]. Le vocabulaire qu'elle possède s'est retrouvé très diminué du fait que le processus de développement naturel de cette "langue" a été interrompu sinon avorté au début de chaque colonisation. Ceci a eu pour conséquences de réduire le vocabulaire de cette langue, de ne permettre au colonisé que de tenir des discussions à un niveau élémentaire, et non des discussions intellectuelles[19].

Aussi est-il surprenant de voir Memmi faire une pareille omission ou négligence de cette seconde possibilité, qui l'amène à conclure:

> En bref, le bilinguisme colonial n'est ni une diglossie, où coexistent un idiome populaire et une langue de puriste, appartenant tous les deux au même univers affectif, ni une richesse polyglotte, qui bénéficie d'un clavier supplémentaire mais relativement neutre; c'est un drame linguistique (127).

Cette conclusion est très contestable dans la mesure où elle nie la diglossie de la langue arabe bien réelle en Afrique du Nord. Le fait d'avoir ignorée cette diglossie a eu des conséquences catastrophiques, sur lesquelles nous reviendrons dans le chapitre Nouvelles hypothèses.

L'aspect dramatique de la situation linguistique du colonisé, le fait que sa langue maternelle n'est pas la langue utilisée ni à l'école, ni à l'université, ni à la radio, ni à la télévision, ni dans les discours officiels, est indéniable, le français étant bien ici la langue du colonisateur. Mais affirmer qu'"il n'y a pas de diglossie, est le moins qu'on puisse dire surprenant, lorsqu'on sait que Memmi est de mère berbère, parlant non pas l'arabe littéraire mais le "patois" tunisien. Or, cette affirmation est précisément la première hypothèse de Memmi, reprise et développée par Yetiv. Négliger les diglossies, ainsi que les conflits et les tensions qu'elles peuvent créer est une chose, dire qu'il n'y a pas

---

17. A Alger, de nombreux Kabyles ont honte de parler kabyle, et se font passer pour des Algérois.
18. Du fait de la série de colonisateurs dont les plus grands ont été les Romains, les Arabes, les Turcs et les Français.
19. Qui exigent non seulement des idées, mais aussi un vocabulaire assez important pour véhiculer des concepts abstraits, et surtout la maîtrise d'une et même de plusieurs langues orales et écrites qui véhiculent l'information. Cet aspect des langues écrites et de leurs conflits avec les langues maternelles, interdites en Algérie, est très complexe et sera étudié dans le chapitre Maghreb multiglossique.

de diglossie peut mener à des conséquences dramatiques. C'est ainsi que Memmi arrive à sa déclaration, sur l'écrivain maghrébin et sa littérature, dans la partie intitulée, "Situation de l'écrivain":

> On s'étonne que le colonisé n'ait pas de littérature vivante dans sa propre langue. Comment s'adresserait-il à elle alors qu'il la dédaigne? Comme il se détourne de sa musique, de ses arts plastiques, de toutes sa culture traditionnelle? Son ambiguïté linguistique est le symbole de son ambiguïté culturelle. Et la situation de l'écrivain colonisé en est une parfaite illustration (127).

Il est assez surprenant de voir Memmi reprendre cette affirmation du colonisateur qu'il n'y a pas de littérature vivante dans la langue du colonisé, sans la remettre entièrement en question. S'il n'y a pas, ou très peu de littérature écrite dans la langue du colonisé, c'est précisément parce que la majorité du peuple est analphabète[20]. Cela ne veut pas dire qu'il n'y a pas de littérature, car elle peut exister sous une autre forme, orale par exemple. Non seulement elle existe, mais elle est très développée au Maghreb, notamment dans les régions berbérophones. Aussi y a-t-il deux possibilités de réplique à la position de Memmi: ou bien, Memmi connaît mal cet aspect de l'oralité de la littérature maghrébine[21], ou bien il décrit des situations de colonisés, éliminant les caractéristiques des "minorités". Toujours est-il qu'il part de son expérience de colonisé tunisien, lui même triplement minoritaire[22], sous ensemble opprimé par les colonisés, et que cela explique difficilement les raisons de son oubli.

Après avoir nié l'existence de la littérature dans la langue du colonisé, il passe à l'écrivain qui produit cette littérature. D'abord, Memmi parle du refus de l'écrivain colonisé d'utiliser sa langue maternelle, argument tout à fait logique vu qu'il a nié la diglossie, et par conséquent la possibilité d'"infirmité" de la langue du colonisé. Selon Memmi, si l'intellectuel colonisé, en supposant qu'il ait pu dépasser le refus d'écrire dans sa "langue maternelle" arrive à la maîtriser jusqu'à l'écrire, la publier, il se retrouvera devant une nouvelle impasse, celle d'un public ne pouvant le lire. Ce problème de réception en soulève deux autres, celui de l'écrivain qui produit le texte, et celui du lecteur, qui "consomme" cette littérature. Or, d'une part les bourgeois, les hommes lettrés, les intellectuels, ne lisent que la langue des colonisateurs, et de l'autre, la majorité du peuple est "inculte, ne lit aucune langue[23]". Aussi, il se retrouvera dans une

---

20. A l'indépendance de l'Algérie en 1962, plus de 95 % de la population était analphabète.
21. Pour beaucoup de critiques, "l'oralité de la littérature" est une notion contradictoire, un oxymoron.
22. De mère berbère, de père juif italien, de colonisé parlant le patois tunisien.
23. Le peuple peut ne pas avoir de culture "écrite", il n'en est pas pour autant "inculte". Sa culture peut être orale, et elle l'est souvent, du fait de l'état de colonisation quasi permanent, parfois plus oppressif après l'indépendance que pendant la colonisation.

nouvelle impasse, celle de parler pour un public qui ne peut l'entendre. Il faut noter l'extrême difficulté sinon l'impossibilité de la tâche de l'écrivain, celle d'écrire pour un peuple dont la majorité est analphabète, tâche devenant presque impossible à réaliser lorsque la "langue maternelle" du peuple ne s'écrit pas. L'écrivain se retrouve dans l'obligation d'avoir recours à la langue du colonisateur, qu'il soit français ou arabo-islamique[24]. Memmi donne la priorité à la langue, en affirmant que "la revendication la plus urgente d'un groupe qui s'est repris est certes la libération et la restauration de sa langue" (129). Constatation juste encore une fois, mais que faire dans le cas où il y a plusieurs langues? Laquelle choisir et sur quels critères baser ce choix? Comment éviter de refaire les mêmes erreurs que l'ancien colonisateur, qui a imposé sa langue au détriment de celles des "autres"? On peut retrouver la continuité de son histoire aussi bien dans une langue étrangère importée du Moyen-Orient ou d'ailleurs, que dans l'ancienne langue colonisatrice. L'important n'est-il pas de retrouver son histoire, depuis la préhistoire jusqu'à aujourd'hui, et non depuis le VIIIème siècle avec l'arrivée de l'arabo-islamisme et ce siècle seulement? Selon Memmi, le rôle de l'écrivain colonisé étant de guider son peuple analphabète, sous la pression des masses populaires, il se voit tôt ou tard pressé ou contraint de revendiquer "sa langue". Car, ajoute-t-il, elle seule permet de retrouver l'histoire d'une manière continue. Mais, si l'on considère un Maghreb multiple, la situation des intellectuels colonisés appartenant à une minorité ethnique dont la langue est différente à la fois de la langue du colonisateur et de celle de la majorité des colonisés, devient très problématique. Quelle attitude ces intellectuels minoritaires devraient-ils adopter lorsqu'ils savent qu'en chassant un colonisateur, ils risquent d'en importer un autre plus oppressif encore? L'écrivain pourrait s'essayer à écrire dans sa langue maternelle mais ce n'est pas à son âge[25] qu'on refait l'apprentissage d'une langue qu'on ne connaît pas, dans un milieu qui ne la parle pas, et surtout en éliminant la langue du colonisateur comme on lui demande souvent de le faire. Ceci aura deux conséquences pour la littérature maghrébine: ou bien, elle se tarira d'elle-même, du fait que les générations nées dans la période post-coloniale parleront et écriront dans "leur langue" retrouvée[26], ou bien, les écrivains nés dans la langue colonisatrice s'assimileront à la métropole:

---

24. Les islamistes prêchent la suppression du français, en plus de la non utilisation des langues populaires, arabe dialectal et berbère. Ils préconisent d'imposer l'arabe littéraire et "leur" interprétation de l'islam, s'il le faut par le sabre. Tout comme les colonisateurs qui ont longtemps transité par l'Algérie avant eux.
25. On ne peut pas demander à un Maghrébin d'oublier du jour au lendemain la langue française, son seul outil de production littéraire, d'écrire et de s'exprimer en arabe littéraire, égyptien, saoudien ou autre.
26. Laquelle: l'arabe dialectal ou littéraire? Nous ne mentionnons même pas le berbère.

"Dans les deux perspectives, seule l'échéance différant, la littérature colonisée de langue européenne semble condamnée à mourir jeune" (130).

Conclusion combien célèbre, combien citée, qui sert de référence aux spécialistes de la littérature maghrébine, encore aujourd'hui[27].

Puisque Memmi a nié la diglossie, il a proposé une analyse de la situation de l'écrivain maghrébin qui est à bien des égards contestable. Dans son argument, Yetiv s'est servi des deux hypothèses de Memmi qui sont:

-il n'y a pas de diglossie au Maghreb,
-à l'indépendance, les Maghrébins parleront et écriront en arabe.

Yetiv s'est ensuite appuyé sur Malek Haddad, autre prédicateur pessimiste de la littérature francophone du Maghreb, dont nous allons analyser l'essai.

La position de Haddad

La position de Malek Haddad pourrait se réduire à une seule solution pour résoudre deux problèmes très complexes: le problème du rapport de l'écrivain maghrébin avec la langue française, et le problème du public qui reçoit la littérature maghrébine. Comme unique solution, car solution "naturelle" à ces deux problèmes, il préconise le retour aux sources "arabes". Sa position recoupe la position de Memmi, tout en présentant beaucoup d'ambiguïtés et de contradictions dans l'argument. Cette solution "naturelle" préconisée par Haddad aurait dû se concrétiser par la disparition de la littérature francophone du Maghreb. Or, c'est l'inverse qui s'est précisément produit. Nous relèverons les contradictions de l'argumentation sur la langue et le public, et nous mettrons à jour les "failles" de la solution de Haddad, laquelle était l'alibi et la référence de Yetiv. Enfin, nous proposerons de nouvelles hypothèses.

Dès les premières pages de l'essai, on remarque que la structure de *Les zéros tournent en rond* n'est pas linéaire. Si Haddad a centré son essai autour des deux problèmes cités, il lui a donné une forme épistolaire, en l'organisant en une série de "lettres", de réponses indépendantes, à l'intérieur desquelles il fait plusieurs digressions. Commençant avec les problèmes de l'écrivain et de la langue française, il passe à celui de ses lecteurs. Ensuite, il parle du problème de la langue maternelle, et termine dans un premier temps en expliquant la signification du titre de son essai. Il revient en arrière, fait une série de digressions,

---

[27]. Pas plus tard qu'en 1988. Voir Jean-Yves Guérin, *Albert Memmi Ecrivain et sociologue* (Paris: L'Harmattan, 1988).

repose le problème de la langue et de l'identité en terme très simplistes, et finit par offrir la réponse triviale du "retour aux sources arabes" à une situation extrêmement complexe. C'est avec cette complexité que nous allons commencer notre entreprise de démantèlement.

Si Malek Haddad mentionne au cours de l'essai l'arabe dialectal, il s'empresse de l'assimiler à l'arabe littéraire, ne parlant que de la langue arabe sans distinction. S'il mentionne les berbères et la Kabylie, ce n'est que dans le but de s'en servir dans sa diatribe anticolonialiste: nulle part, il n'a reconnu l'existence de la langue et de la culture des premiers habitants de l'Afrique du Nord. Beaucoup plus, il les égare en cours de sa démonstration, concluant que:

> "La population algérienne est arabe, et qu'elle doit retourner à sa langue maternelle "l'arabe" et à sa religion l'Islam[28]."

Haddad réitère que c'est *la* solution pour réaliser la décolonisation culturelle, compléter la décolonisation politique et résoudre les problèmes de la langue et de l'identité de l'écrivain Nord Africain. Vivant à Paris, marié à une Française[29], il n'écrit pas "l'arabe" dit-il mais "le français"; c'est en ces termes qu'il commence son essai:

> "Je suis moins séparé de ma patrie par la Méditerranée que par la langue française. Ecrirais-je *l'arabe* qu'un écran se dresserait quand même entre mes lecteurs et moi: l'analphabétisme" (11).

Aussi vit-il la situation de l'intellectuel colonisé doublement en exil, séparé de son pays par la distance de la mer et de son peuple par la langue colonisatrice.

Il explique que la différence entre les "Algériens écrivains[30]", qui représentent les intellectuels maghrébins, et les autres citoyens français est que les premiers écrivent "le français" langue d'emprunt, alors que les seconds écrivent "en français" (18), dans leur langue maternelle:

> Nous, nous nous faisons comprendre. Les mots, les matériaux quotidiens, ne sont pas à la hauteur de nos idées et encore bien moins de nos sentiments. Il n'y a qu'une correspondance approximative entre notre pensée d'Arabe et notre vocabulaire de français (34).

Il y a donc chez les Maghrébins, une traduction qui s'opère entre la pensée dans la langue maternelle à l'écriture "en français". Du fait de cette "correspondance

---

28. Malek Haddad, *Les zéros tournent en rond* (Paris: Maspero, 1961) 37–40.
29. A qui il dédie la seconde partie de cet ouvrage, page 47.
30. C'est-à-dire les colonisés.

approximative", de ce transfert de la pensée d'une langue maternelle à l'écriture dans une langue étrangère, les "zéros tournent en rond" dans la tête des colonisés, comme le titre symbolisant cette traduction permanente. Il n'accuse pas la langue française, bien au contraire, il reconnaît qu'elle est devenue libératrice:

> "Le paradoxe éclate à son paroxysme: la langue du colonisateur est devenue pour le colonisé un moyen efficace de libération" (18).

Il déplore que son peuple, analphabète à 95%, ne puisse lire ses oeuvres dans cette langue. On serait tenté de conclure que Haddad serait lu par son peuple s'il écrivait l'arabe littéraire. Or, il reconnaît que ce n'est nullement le cas. Racontant l'anecdote d'un Algérien analphabète qui était venu acheter un de ses livres, il pose le problème en ces termes:

> J'entends d'ici l'objection et elle est de taille si l'argument pue la mauvaise foi:
> -cet Algérien qui partit avec votre livre sous son bras, vous aurait-il lu si vous écriviez en arabe?
> Je réponds à cette objection de taille et à cet argument qui pue la mauvaise foi:
> -Evidemment, non (14).

Son peuple étant analphabète, il ne peut pas le lire car il ne sait pas lire le français. Et, si son peuple était lettré "en arabe", le problème ne se poserait plus. Reprenons l'argument de Haddad concernant la langue française: en tant que Maghrébin affirme-t-il, il écrit "le français", et non "en français" comme ferait un Parisien dans sa langue maternelle. Si Haddad connaissait la langue arabe, aurait-il écrit l'arabe algérien ou bien aurait-il écrit "en arabe" comme les Saoudiens, les Kowétiens, et les Egyptiens? N'aurait-il pas été obligé de faire le transfert de sa "langue maternelle," l'arabe algérien dialectal par exemple, à l'arabe littéraire? Haddad omet de mentionner explicitement cet aspect, ou plutôt il "saute" cette question gênante des diglossies.

Comme Haddad et son peuple illettré parlent l'arabe dialectal et non "en arabe" littéraire, la conclusion qui s'impose est celle qui consiste à blâmer entièrement le colonialisme français. Or, Haddad affirme:

> "Et je comprends la surdité des sourds. Je suis incapable de raconter en arabe ce que je sens en arabe" (19).

S'il est incapable de s'exprimer en arabe, la faute incombe-t-elle seulement au colonisateur français qui a éliminé l'enseignement de l'arabe de l'école? La question qui a souvent été posée, étudiée, et semble-t-il résolue a été de savoir pourquoi l'écrivain maghrébin n'écrit pas "en arabe" ce qu'il sent "en arabe", c'est-à-dire pourquoi est-ce qu'il ne raconte pas dans sa langue maternelle, ce qu'il sent dans sa langue maternelle? Blâmer le colonialisme et accuser l'intellectuel "francisé" de n'être qu'un assimilé, d'être un écrivain inauthentique est une chose, reconnaître la complexité de la situation en est une autre et faire des "sauts" aussi flagrants peut mener à des tragédies. Si l'on garde à l'esprit qu'il y a un "arabe dialectal" et un "arabe littéraire" très différents l'un de l'autre, la confession "je suis incapable d'écrire en arabe ce que je sens en arabe" devient problématique et pourrait être interprétée de plusieurs manières, ce qu'on a jusqu'à présent négligé de faire. Dans notre contexte de langue et d'écriture, le verbe exprimer est synonyme d'écrire car il représente la langue de production littéraire alors que le verbe sentir représente la langue maternelle, celle dans laquelle la pensée vient à l'intellectuel. Aussi, il y a quatre possibilités d'interprétation de cette phrase, possibilités constamment ignorées, qui sont dues aux différentes combinaisons des deux langues, arabe dialectal et arabe littéraire, avec les verbes écrire et sentir. Nous allons les proposer en faisant un arrangement[31] mathématique du schéma suivant:

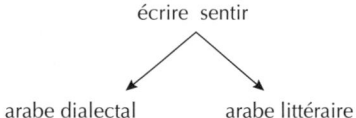

La formule de Haddad se traduit par quatre situations possibles:

1. je suis incapable d'écrire en arabe dialectal ce que je sens en arabe littéraire;
2. je suis incapable d'écrire en arabe littéraire ce que je sens en arabe littéraire;
3. je suis incapable d'écrire en arabe littéraire ce que je sens en arabe dialectal[32];
4. et enfin, je suis incapable d'écrire en arabe dialectal ce que je sens en arabe dialectal.

L'arabe littéraire n'étant pas la langue maternelle de l'écrivain maghrébin, il ne "sent" pas dans cette langue. Si les deux premières possibilités sont à considérer dans le cas d'écrivains du Moyen-Orient, du fait que l'arabe oriental est proche du littéraire, elles sont à éliminer dans le cas des écrivains maghrébins. Inversement, les deux dernières possibilités où l'écrivain "sent" en arabe dialectal (maghrébin) sont à considérer dans le cas d'écrivains maghrébins et non dans le cas d'écrivains du Moyen-Orient. Comme la grande majorité des intellectuels

---

31. L'arrangement est une combinaison qui tient compte de l'ordre des combinaisons et propose le maximum de possibilités. Dans le chapitre prochain, nous nous servirons de cette notion pour montrer la complexité de la situation.
32. C'est précisément la situation actuelle en Algérie, où l'on oblige le peuple à "s'exprimer" en arabe littéraire, alors que ce n'est pas sa langue maternelle.

maghrébins ont été formés à l'école française, ils ne connaissent pas l'arabe littéraire car on ne le leur a pas enseigné. Donc, s'ils "sentent" effectivement "en arabe dialectal", ils ne peuvent pas écrire en arabe littéraire. En supposant que l'intellectuel ait appris l'arabe littéraire jusqu'à le maîtriser, il n'écrirait alors que "l'arabe littéraire" langue non maternelle et non "en arabe littéraire". Le problème de la traduction de la pensée produite dans une langue à l'écriture dans une autre est toujours là: se retrouvant dans la même impasse qu'avec le français, l'écrivain est condamné à traduire de son dialecte maternel à l'arabe littéraire. Il ne reste plus que la première possibilité, écrire "en arabe dialectal" ce que l'on sent en "en arabe dialectal", c'est-à-dire écrire dans sa langue maternelle.

Effectivement, l'écrivain pourrait commencer par faire l'effort d'écrire en "arabe dialectal", et de faire lire sa littérature en public où à la radio par exemple, de lui donner une forme orale, accessible à son peuple et que ce peuple peut comprendre. Or, il ne le fait pas[33]. Là encore, il y a deux possibilités: la première qui vient à l'esprit consiste à blâmer l'écrivain qui ne sait pas encore écrire en "arabe dialectal". Et c'est ce que confesse douloureusement Haddad. La seconde possibilité, constamment négligée vient du fait que pour pouvoir écrire une langue maternelle, encore faut-il que cette langue s'écrive! Est-il possible que "l'arabe dialectal", langue maternelle de Haddad, soit une langue parlée possédant une culture orale mais qu'elle ne s'écrive pas, ou qu'on refuse de l'écrire? Possibilité constamment ignorée qui, si elle avait été considérée aurait résolu bien des problèmes. Elle prouverait l'existence d'une "autre" forme de langue "arabe", précisément la langue de "l'Arabe" de Camus. Autrement dit, elle prouverait l'existence d'une diglossie et serait en contradiction avec la déclaration de Memmi, qui affirmait que le "bilinguisme colonial n'est pas une diglossie" (127).

Le texte de Haddad pullule de contradictions, qui confirment l'existence d'une multiplicité de langues[34] et de populations différentes. D'ailleurs, sur ce dernier point Haddad ajoute:

> Et ce qui différencie les écrivains arabo-berbères des autres, c'est moins leurs préoccupations politiques plus anciennes et plus aiguës que leur nostalgie d'une langue maternelle (32).

S'ils sont d'origine arabo-berbères, certains ont pour langue maternelle le berbère et d'autres "l'arabo" première moitié d'arabo-berbère, à l'origine

---

33. A l'exception de Kateb Yacine et d'autres rares intellectuels qui se sont essayés à s'exprimer en "arabe dialectal" et en berbère, en utilisant des moyens audio-visuels, et non en "arabe littéraire".
34. Contredisant plus fortement la position de Memmi et la thèse de Yetiv. Il semble que Haddad répond à Jean Sénac, dont nous parlerons dans le prochain chapitre.

langue berbère qui s'est mélangé avec "l'ancien arabe" langue du colonisateur du huitième siècle pour former une première hybridation. Cette langue s'est ensuite mélangée au français[35] pour former un genre de "créole" nord africain mais à trois composantes, un "franco-arabo-berbère", désigné couramment par "l'arabe" mais qui serait plutôt un faraber ou tout simplement un farabe[36]. Haddad ne nie pas l'existence de ce "dialecte", bien au contraire, parlant de l'école française, il affirme:

> On ne se contentait pas de nous apprendre que nos ancêtres étaient Gaulois [. . .]. Le résultat de ces rocambolesques absurdités fut la naissance de ce jargon qu'on appelle sabir et qui fait la délectation des races supérieures en mal d'exotisme (17–18).

Il parle d'un "jargon qu'on appelle sabir", aussi en rejetant "ce bâtard", il en reconnaît l'existence. S'il ne sait pas écrire "l'arabe", si son peuple ne peut lire "l'arabe", c'est peut-être parce que son peuple ne parle pas "l'arabe" mais parle "en arabe", ce "sabir" des rues que lui écrivain met en marge, rejette, puis assimile à un seul "arabe", le purifiant de ses tares, ces composantes berbéro-françaises. Si les Algériens n'écrivent pas "en français" comme les citoyens de l'Hexagone mais "le français", de la même manière, en étant conséquent avec soi-même, Haddad aurait dû dire qu'ils n'écrivent pas et surtout qu'ils ne parlent pas "en arabe" (littéraire) mais parlent "l'arabe" (populaire), ou encore qu'ils parlent "en farabe"[37].

Une autre contradiction qui se dégage de l'essai de Haddad concerne son peuple qu'il voudrait sortir de l'analphabétisme:

> Des lecteurs, nous en avons, nous en avons même beaucoup mais personne ne m'empêchera de répéter que nous sommes, par la force des choses, orphelins de vrais lecteurs. Car ceux pour qui nous écrivons d'abord, ne nous liront jamais (12).

---

35. Pour retrouver tous les "marrons" et réécrire l'histoire de l'Afrique du Nord dans sa totalité, il faudrait considérer les "petites" colonisations, phénicienne, carthaginoise, vandale, et turque. Comme elles ont laissé peu de traces notables, et peu d'influence sur les langues et les littératures, nous ne tiendrons compte que des grandes colonisations de l'Afrique du Nord, française et arabe.
36. Ce mélange est considéré comme "bâtard", impur car mélange du berbère (langue de Jugurtha héros de la résistance contre la colonisation romaine et de La Kahena, reine judéo-berbère qui combattit le colonisateur arabo-islamique au VIIIème siècle) et du français langue des colonisateurs. Il est méprisé par les "arabistes", partisans de l'arabe classique. Il existe, aussi nous en reconnaissons l'indépendance vis-à-vis de l'arabe classique et nous lui donnons comme nom le *faraber* ou tout simplement le *farabe*, combinaison de franc-araber-bère, qui en condensé donne fra-ara-ber ou faraber. Les linguistes et surtout l'usage décideront de garder ou de changer ce terme. Nous dirons farabe et farabophones pour faire la distinction avec l'arabe classique et ses arabophones.
37. Terme dont nous allons nous servir dorénavant pour désigner ce "sabir", ce parler arabe maghrébin.

Or, il méprise à son insu la langue maternelle de son peuple qu'il traite de "sabir". Comble du paradoxe, il ajoute que "la langue maternelle s'apprend aussi à l'école, au lycée, et à l'université" (16). Comment peut-il à la fois regretter que son peuple ne puisse le lire, et rejeter le "sabir" de son peuple? Comment peut-il à la fois revendiquer "le farabe" langue maternelle d'une partie de son peuple farabophone et vouloir lui imposer de s'exprimer "en arabe" littéraire[38]? Que fait-il de la langue maternelle des berbérophones?

Il ne mentionne la question kabyle que dans le cadre de la politique d'un ministre de Jules Ferry:

> "Ce n'est pas par générosité que l'université veut répandre l'enseignement (du français) en Kabylie, mais disons le bien haut, dans l'intérêt de la France" (44).

Or, il avait affirmé plus tôt:

> Le plus bel hommage que nous ayons à rendre à la langue française consiste à respecter suffisamment son hospitalité [. . .] même imposée, pour être à la hauteur ou tout au moins pour être digne des serviteurs qui furent et sont souvent les serviteurs des grands idéaux humains. Péguy ou Bernanos seraient mes amis s'ils étaient vivants, car Péguy ou Bernanos auraient tourné en rond *si un impérialisme, arabe par exemple, les avait contraints à s'exprimer en d'autres langues qu'en leur langue maternelle* (19)[39].

Or, si la Kabylie est devenue francophone, c'est par la force des choses, par la politique de colonisation et de décolonisation qui ont suivi. Pour ne prendre que le cas des Kabyles, parmi les autres minorités, comme leur langue maternelle est le Kabyle, leur langue de travail le français, qu'ils ne parlent pas ou très peu le farabe, leur imposer "l'arabe littéraire" comme langue nationale revient à les obliger "à tourner en rond" et en silence[40]. En "oubliant" les Kabyles et en rejetant le farabe, Haddad arrive à la conclusion suivante:

> Avec la fin du régime colonial et des conséquences lointaines et ses séquelles, disparaîtront les non-sens et les paradoxes que nous sommes. L'Algérie aura

---

38. C'est la politique de tous les gouvernements algériens depuis l'indépendance.
39. Souligné par nous. Hélas, cette situation représentée par la "situation 3", reste toujours la politique actuelle des gouvernements algériens depuis 1962.
40. Le problème est encore plus complexe dans le cas des Beurs, enfants de travailleurs immigrés maghrébins nés en France, dont la langue maternelle n'est pas "l'arabe" mais le farabe, pour les "arabophones" et les langues berbères pour les berbérophones. En ce qui concerne l'origine du mot Beur, il y a deux explications. La première, est que c'est le verlan d'"arabe": en inversant les syllabes, ceci donne be-ara. En ne gardant que la première syllabe et la première consonne, ceci donne be-r ou beur. Au début des années 80, il y eut une polémique en Algérie autour de l'origine de ce terme. Selon certains Kabyles immigrés, farouches défenseurs de la culture berbère, le mot beur serait la combinaison de la première syllabe de berbère et de la première syllabe de leur lieu de naissance, l'Europe: ber et eur, donne beur. La querelle a-t-elle été résolue?

alors des écrivains authentiques et hautement représentatifs. Chaque écrivain parlera dans la langue qu'il connaît et surtout dans la langue que connaîtront ses lecteurs (38).

Une fois de plus, ce n'est ni au farabe ni au berbère que Haddad fait allusion mais à l'arabe littéraire. Le problème demeure toujours puisque que la langue des lecteurs "arabes" est le farabe et celle de production de l'écrivain ne l'est pas. Aussi, si certains refusent de parler d'authenticité pour une littérature francophone, car elle est le produit d'une langue colonisatrice, pour être conséquent il faudrait le faire pour la littérature en arabe littéraire ou classique. Tout comme Memmi, qui a nié la diglossie, Haddad, en assimilant le farabe à l'arabe littéraire, est arrivé à des conclusions très discutables voire fausses.

S'il a dédié la seconde partie de cet ouvrage, "Ecoute et je t'appelle" à sa femme, la première partie est dédié "à la mémoire du Chikh Ben Badis" (7), chantre de l'arabo-islamisme, qui se rendit célèbre par la formule officielle: "la personnalité algérienne repose sur la langue arabe et la religion musulmane"[41]. Ce dernier reste toujours présenté comme le héros officiel de la défense de la culture et de la personnalité algérienne[42]. Sur la question de la langue, Malek Haddad a rejeté le sabir bâtard de son peuple qu'il a assimilé à l'arabe littéraire. En rejetant le farabe[43], il a rejoint la position de Memmi qui a nié l'existence de diglossies. Tous les deux ont préconisé le retour à la langue "arabe" et non aux langues maternelles et ont conclu qu'à l'indépendance la population nord africaine s'exprimera "en arabe". Or, comme nous l'avons démontré dans les "quatre situations" posées, l'arabe littéraire ne pouvait pas devenir d'un coup de baguette magique décolonisatrice, langue de production littéraire des intellectuels. D'ailleurs Haddad, citant Memmi, reconnaît ce dernier point et montre la faille évidente de sa démonstration:

---

41. Détail très significatif, car Malek Haddad est ce qu'on appelle un KDS, ou Kabyle de service, un assimilé arabo-islamique, un de ces Kabyles qui ont honte de leurs véritables origines. Membre du parti FLN, il rejette la dimension démocratique de la culture berbère. Or, parlant de la formule de Ben Badis, le journaliste du quotidien *Le Monde* Paul Balta, affirme dans *La stratégie de Boumédiene* à la page 15 que Ben Badis avait dit ceci: "la personnalité algérienne repose sur un trépied, la langue arabe, l'islam et l'ethnie berbère." Il semble que le troisième pied, berbère comme par hasard, ait été égaré au cours de l'histoire. Un intellectuel comme Haddad a dû lire ce livre. Pourrait-on se demander pourquoi il n'a pas rectifié l'oubli?
42. Or, selon feu Ferhat Abbas, ancien dirigeant du FLN et premier président du gouvernement provisoire de la république algérienne en 1958, Ben Badis était un traître. Dans *Autopsie d'une guerre*, Abbas soutient que Ben Badis revendiquait l'assimilation et la nationalité française pour les "musulmans évolués" comme lui et non pas pour "les bougnoules". Aujourd'hui, Ben Badis est l'allégorie vivante de l'arabo-islamisme. Alors qu'il est présenté comme un héros national, Messali Hadj, véritable père du nationalisme nord africain, est présenté comme un traître par l'actuel FLN.
43. Une manière efficace de nier le farabe est de parler "d'arabe" sans précision. En amputant l'adjectif dialectal, qui sert précisément à différencier, il ne reste plus qu'une seule langue arabe (classique), qu'on fait passer pour le farabe.

Albert Memmi était-il résigné quand il me disait: Pour nous, il est trop tard. Ce n'est pas à notre âge qu'on peut tout recommencer (36).

Cette négligence des diglossies, les a logiquement conduits à conclure que le public abandonnerait le français, pour sa langue maternelle, l'arabe littéraire. Haddad a effectivement revendiqué un public authentique, mais il a rejeté le farabe bâtard, et a mentionné puis égaré la dimension berbère de l'Algérie, condition sine qua non pour l'acquisition de la spécificité du Maghreb et pour l'authenticité de l'Afrique du Nord[44]. Sept ans après la fin de la guerre d'Algérie, Yetiv s'est servi des conclusions de Memmi et de Haddad, sans les remettre en question. Aussi a-t-il vite fait d'enterrer définitivement la littérature maghrébine. En reconnaissant les diglossies, l'existence du farabe et du berbère, nous croyons avoir jeté les bases d'une approche nouvelle, comme dirait Khatibi d'une pensée-autre, de la reconnaissance des Divers Nord Africains par opposition au Même, fût-il colonisateur romain ou français, arabo-islamiste hier et à nouveau aujourd'hui. C'est sur la richesse de ces diglossies, sur ces littératures multiples et ces peuples divers que se fondera la suite de notre travail.

Dans le chapitre suivant, nous allons tenter de dégager la position opposée aux partisans du pôle dominant. Nous examinerons aussi bien celles de Maghrébins dominés que de leurs homologues Français d'Algérie. Mis en minorité, marginalisés, souvent condamnés aussi bien par les ultras colonisateurs qu'"arabistes", ces intellectuels dominés seront parmi les rares à revendiquer, à travers un mouvement littéraire, une Algérie algérienne.

---

44. Une des hypothèses de l'étymologie du mot Afrique est berbère. Venant d'Italie, les colonisateurs romains débarquèrent dans une région de la Berbérie, la Tunisie actuelle, où il y avait une tribu dont le nom sonnait comme "Africa". La question de l'authenticité de la personnalité algérienne sera discutée dans le chapitre Nouvelles hypothèses.

CHAPITRE 2

LE PÔLE DOMINÉ

Après avoir défini les thèses du pôle dominant à travers les écrits d'Isaac Yetiv, d'Albert Memmi et de Malek Haddad, nous allons étudier la position d'intellectuels maghrébins qui à l'inverse du pôle dominant ne voyaient aucun problème quant à l'usage et l'adoption de la langue française au Maghreb. Nous allons nous servir de l'étude d'Abdelkebir Khatibi afin de présenter d'abord la position dissidente d'Abdellatif Laâbi au Maroc. En Algérie, nous examinerons la position des Français d'Algérie "dominés", celle des algérianistes et d'Albert Camus et nous présenterons la position explosive de Kateb Yacine, cas qui sera étudié en détail ultérieurement dans le troisième chapitre. L'œuvre de Khatibi nous servira de point de départ dans l'examen des études consacrées à la littérature maghrébine, études sur lesquelles nous reviendrons dans la seconde partie de ce travail.

Nous présenterons "Le pôle dominé", ses partisans, ses animateurs mais aussi ses farouches opposants et ses détracteurs. Nous nous pencherons aussi sur les causes de l'échec de ce groupe d'intellectuels engagés[1], sous l'égide de Kateb Yacine qui a été le plus conséquent et qui est devenu la bête noire du pôle dominant. Ces intellectuels, quoique fort nombreux, furent mis en minorité par des antellectuels[2], arabistes en majorité. Les thèses du pôle dominé retiendront ensuite notre attention.

---

1. Nous utiliserons l'engagement dans le quatrième sens que donne *le Grand Robert:* acte ou attitude de l'intellectuel, de l'artiste qui, prenant conscience de son appartenance à la société et au monde de son temps, renonce à une position de simple spectateur et met sa pensée ou son art au service d'une cause.
2. Terme que nous avons créé, et que nous allons utiliser pour distinguer les Intellectuels "engagés", hommes et femmes de gauche, des nationalistes de droite, opportunistes, du pôle dominant. A l'image des anti-dreyfusards, penseurs de droite français, ces anti-intellectuels étaient contre les intellectuels algériens francophones. En majorité "arabophones", partisans de l'arabe classique qu'ils ne maîtrisaient pas, contre le farabe et le berbère qu'ils méprisaient, souvent conservateurs, ils affichaient un excès de zèle religieux frisant l'intolérance et qu'on retrouve aujourd'hui chez les islamistes. Alorsque les premiers revendiquaient une Algérie algérienne démocratique, les seconds bien que

L'étude de Khatibi

En 1968, l'écrivain marocain Abdelkébir Khatibi publiait une étude sur la littérature maghrébine[3] qui donnait pour la première fois le point de vue d'un autochtone maghrébin. Tout comme l'essai de Memmi ou de Haddad, cette étude est devenue un ouvrage de référence pour les chercheurs[4] dans le domaine de la littérature maghrébine. Sa relecture permet d'aborder en particulier les parties pour lesquelles l'analyse des spécialistes paraît contestable. Nous nous attarderons sur les problèmes que peut susciter l'utilisation de la langue coloniale dans un contexte de décolonisation. Laissés dans la marge ou tout simplement omis, ces problèmes soulèvent souvent la question brûlante de la place de la langue française en Afrique post-coloniale.

Beaucoup d'experts ont évité de remettre en question les thèses du pôle dominant défini dans le chapitre précédent. Les uns les ont cautionnées, d'autres les ont épousées ou publiquement défendues. C'est la position latente, constamment rejetée mais existant à un niveau second, ainsi que ses protagonistes divers qui retiendra notre attention.

Le roman maghrébin de Khatibi se compose d'une dizaine de chapitres avec une annexe intitulée "documents." Dans celle-ci, l'auteur publie six extraits d'auteurs maghrébins, notamment du *Portrait du colonisé* de Memmi sur la "situation de l'écrivain colonisé", des *Zéros tournent en rond* de Haddad sur "le destin de l'écrivain algérien" et une interview du ministre algérien[5] de la culture. Quant au pôle dominé, il était représenté dans le prologue de la revue *Souffles*[6] et dans la septième partie intitulée "l'écrivain errant", partie entièrement consacrée à l'homme de théâtre, poète et romancier algérien, Kateb Yacine.

Dans l'introduction à *Le roman maghrébin*, Khatibi parle des critiques et des partisans de la littérature maghrébine de langue française, notamment d'un certain "embarras" des intellectuels français. Adeptes de la littérature francophone du Maghreb, il leur était souvent difficile de justifier leur solidarité avec leurs homologues d'Afrique du Nord. Cette difficulté prenait ses sources dans la notion de "table rase" devant la culture et la civilisation des colonisés. Elle se

---

minoritaires au départ, imposèrent l'idée d'une Algérie arabe et musulmane. Nous donnerons le nom d'*a*ntellectuels à ces personnalités, par opposition aux militants engagés. Voir Amar Ouerdane, *La question berbère* (Québec: Septentrion, 1990).

3. *Le roman maghrébin* (Paris: Maspéro, 1968), collection domaine maghrébin, dirigée par Albert Memmi. Il faudrait aussi mentionner l'ouvrage socio-historique de Mostefa Lacheraf, *Algérie, nation et société* (Paris: Maspéro, 1965).
4. Dont les plus importants sont Yetiv, Bonn, Déjeux, Gontard et Arnaud.
5. Il s'agit de Mostefa Lacheraf, dans le gouvernement de Boumediene. Il sera vite éloigné d'Alger, promu ambassadeur au Mexique.
6. Publié intégralement dans la partie document par Khatibi. Elle fut republié dans *La violence du texte* par Marc Gontard.

traduisait souvent par de multiples malaises[7], éprouvés, entretenus sinon exacerbés par les ultra-colonialistes qui affirmaient qu'il n'y avait rien avant l'arrivée des Français. Pour lutter contre cette affirmation, les intellectuels français ne pouvaient que soutenir tous ceux qui allaient tenter de démentir les propos des partisans de l'Algérie française et montrer qu'il existait des langues, des cultures et des littératures autochtones.

Les intellectuels maghrébins devaient donc montrer qu'ils possédaient une authentique culture et une civilisation différente ou au moins indépendante de l'Hexagone. Ce problème devenait plus complexe encore, surtout si l'on considère l'approche par laquelle on allait l'aborder et proposer des solutions. La totalité des matériaux rassemblés sur la culture et la civilisation maghrébine qui pouvaient démentir sinon détruire l'argument colonialiste de la table rase avait été faits par les spécialistes du Moyen-Orient[8] auquel on rattachait l'Afrique du Nord et qui représentait donc le point de vue d'orientalistes:

> L'optique orientaliste était, dans la plupart des cas, nostalgie du passé; elle planait au dessus des crises du Tiers Monde et de la formidable poussée nationaliste (8).

Et le pôle dominant, celui d'une Algérie uniquement arabe et musulmane sous ensemble d'un Maghreb lui-même inclus dans un monde arabe, avait épousé ces thèses orientalistes et imposé sa vision des choses aux nationalistes[9]. Ceci avait eu pour résultat de créer des frictions, des crises et même des drames[10]. Khatibi précise sa pensée en ces termes:

> "La vision de l'Homo Arabicus étriqué, un peu vieillot, figé dans ses déterminismes, expliqué "essentiellement" par son comportement religieux, ne satisfait plus la gauche française" (10).

Les représentants de cette gauche française seraient bien sûr les intellectuels aussi bien français que leur frères spirituels maghrébins, représentants du pôle dominé. Khatibi dénonce la tentative de récupération de la littérature maghrébine par une droite nationaliste, en soulignant la révolte de certains écrivains maghrébins. Bien qu'ils étaient déchirés par de nombreuses contradictions liées à leur situation de colonisé affranchi, ces derniers gardaient toujours cette volonté d'aller au delà de l'acculturation.

Examinant cet état de crise de la littérature maghrébine, Khatibi s'interroge

---
7. Nous discuterons de ce malaise en examinant l'attitude d'Albert Camus.
8. Et non de l'Afrique du Nord, c'est-à-dire à partir de la Libye et allant vers l'Est.
9. Voir le chapitre "La crise berbériste" de Mohamed Harbi, *Le FLN mythe et réalité* (Paris: L'Harmattan, 1981).
10. Nous en parlerons dans le chapitre Nouvelles hypothèses, sur la crise de l'identité algérienne, crise dite "berbériste" de 1949.

Le pôle dominé 31

sur le roman maghrébin. Définissant d'abord l'écriture comme "une inconnue" qu'il faut déchiffrer, comme un ensemble d'attitude analysable à plusieurs niveaux (12), il souligne la prédominance du référent de cette littérature. D'où l'importance et la nécessité d'examiner les relations que peuvent avoir ces attitudes avec le contexte dans lequel elles existent. Khatibi fait un parallèle entre la situation du roman maghrébin pendant les années soixante et celle du roman occidental qui avait atteint le paroxysme de son développement à la fin du XIXème. Deux causes sont avancées, la révolution industrielle et la généralisation de l'enseignement en Europe, lesquelles ont facilité le développement et la vulgarisation de ce genre de littérature. Or, le Maghreb se retrouvait dans une situation similaire mais avec un siècle de retard. Pour achever leur indépendance, une industrialisation massive et un enseignement généralisé du peuple illettré, étaient préconisés. Ces solutions n'allaient pas sans poser de problèmes à ces pays anciennement colonisés qui, jusqu'à aujourd'hui, veulent d'une part sortir du sous-développement économique et de l'analphabétisme afin d'entrer dans l'ère de la modernité, et de l'autre développer une "authentique culture nationale"[11] afin de compléter leur indépendance culturelle et politique. Selon Khatibi, le roman maghrébin reste figé dans le réalisme; il ne fait qu'imiter une forme et une structure importées de l'occident et conçues il y a plus d'un siècle[12]. Comment pourrait-il donc prétendre contribuer à cette culture nationale si chèrement revendiquée lorsqu'il n'avait pas encore de forme propre à lui et qu'il empruntait toujours celle de l'ancien colonisateur? Lui qui se voulait indépendant, allait-il limiter son authenticité, à remplacer "les chaussures par des babouches"! A l'exception de Kateb Yacine, dont l'engagement se retrouve jusque dans l'écriture, dans les sujets, les thèmes et surtout dans la forme et la structure qu'il subvertit[13], la plupart des écrivains maghrébins se trouvent tiraillés entre deux univers en conflit. Comme l'explique Memmi:

> Comment le colonisé pouvait-il à la fois se refuser si cruellement et se revendiquer d'une manière si excessive? Comment pouvait-il à la fois détester le colonisateur et l'admirer passionnément (18)?

Ces intellectuels revendiquaient et condamnaient à la fois une langue et une culture colonisatrice. Ils voulaient condamner l'occident alors qu'au même moment l'écrasante majorité lui empruntait la langue, l'habillement,

---

11. Revendiquée par Fanon. Or, Fanon n'a pas défini ce qu'était cette authenticité, ni comment y parvenir.
12. Cette affirmation est à examiner et à débattre.
13. Surtout dans *Nedjma*, considéré comme le plus important roman maghrébin.

l'idéologie marxiste à la dernière mode, l'engagement révolutionnaire et les moyens de développement économique et culturel.

Ecrivant "le français", ils rejetaient la France à laquelle ils empruntaient la langue et la culture, dont ils se servaient pour produire leurs écrits:

> Une des conditions de l'édification d'une culture nationale décolonisée est de faire justement éclater les rapports unilatéraux unissant la métropole à ses anciennes colonies, de multiplier les contacts avec le monde extérieur, de faire jouer d'autres circuits et de promouvoir une collaboration effective entre pays du tiers monde (14).

Comment se débarrasser de ces rapports à sens unique qui avantageaient la métropole et l'avantagent encore lorsque l'on ne contrôle pas les leviers de commande de son propre pays? D'une part, les intellectuels comme Khatibi préconisait la récupération du patrimoine culturel. Ils voulaient voir réaliser le développement d'une authentique culture nationale, c'est-à-dire dans le cas du Maghreb, faire un retour aux origines "arabo-islamique" du VIIIème siècle, mais sans vouloir dépasser ce repère historique et remonter jusqu'à la source du fleuve de leur identité. De l'autre, ils voulaient voir naître une véritable collaboration entre intellectuels de différents pays du tiers monde. Enfin, ils parlaient de se développer culturellement et débattaient longuement sur cette technologie qu'ils désiraient maîtriser, tout en boudant les moyens qui leur permettaient de l'acquérir. Or, il est indéniable que chaque pays du tiers monde possède non pas une, mais une multitude de langues et de cultures surtout orales. Chacun de ces pays ayant été dans la majorité des cas une ancienne colonie française ou anglaise, les deux seules langues qui leur permettent de communiquer entre eux, et souvent à l'intérieur d'un même pays, sont le français et l'anglais. Lorsque l'on sait que l'écrasante majorité des intellectuels avait une formation francophone ou anglophone, n'est-il pas pour le moins paradoxal de vouloir d'une part communiquer avec les intellectuels de son propre pays et du tiers-monde, et de l'autre rejeter les langues colonisatrices, en l'occurrence le français et l'anglais, qui permettent de le faire? Khatibi, dont la langue maternelle est le farabe, cautionnait sans le vouloir les thèses du pôle dominant[14]. S'il ne rejetait pas ouvertement l'usage de la langue française, en évitant de condamner l'hégémonie du pôle dominant, il finissait par épouser à son insu ses thèses. A l'inverse, son compatriote Abdellatif Laâbi suivra le chemin de Kateb Yacine, et prendra ouvertement position

---

14. Nous reviendrons plus loin sur les raisons possibles de cette attitude contradictoire d'intellectuels qui produisent leurs textes avec la langue française sans la revendiquer, qui utilisent tous les jours le farabe ou le berbère tout en ignorant leur existence, mais qui revendiquent l'arabe classique à leur insu sans l'utiliser.

pour la défense de la langue française. C'est à partir de ses propos et de ceux de Kateb que nous allons dégager les thèses latentes du pôle dominé.

La langue du pôle dominé

Dans le prologue du numéro 1 de la revue *Souffles*[15], publié en annexe de l'ouvrage de Khatibi, le poète marocain Laâbi s'élevait contre l'attitude macabre du pôle dominant. C'est en ces termes qu'il commence son réquisitoire en 1968:

> Les poètes qui ont signé les textes de ce numéro-manifeste de la revue Souffles sont unanimement conscients qu'une telle publication est un acte de prise de position de leur part dans un moment où les problèmes de notre culture nationale ont atteint un degré extrême de tension[16].

Dans les quatre pages qui constituent le prologue de cette revue, véritable cri de révolte d'intellectuels francophones maghrébins, Laâbi s'insurge d'une manière très directe, contre le pôle dominant et ses exégètes. Après avoir fait la critique des représentants officiels de la littérature au Maroc, il en arrive aux prédictions de Memmi et de Haddad sur l'avenir de la littérature maghrébine d'expression française:

> Deux de ses représentants les plus brillants lui ont célébré avant terme d'émouvantes funérailles. Analysant la situation de l'écrivain colonisé, ses drames linguistiques, sa privation de lecteur véritable, ils en sont arrivés à conclure que cette littérature est "condamnée à mourir jeune" (143).

Reconnaissant que la littérature maghrébine traversait une période de crise, il stigmatise le pôle dominant, l'accusant de vouloir recréer un moyen-âge mythique:

> La contemplation pétrifiée du passé, la sclérose des formes et des contenus, l'imitation à peine pudique et les emprunts forcés, la gloriole des faux talents constituent le pain frelaté et quotidien dont nous assomme la presse, les périodiques. Sans parler de ses multiples prostitutions, la littérature est devenue une forme d'aristocratisme, une rosette affichée, un pouvoir de l'intelligence et de la débrouillardise (142).

---

15. Cette revue fut interdite au bout de quelques années. Ses animateurs furent arrêtés et emprisonnés. Laâbi fut condamné à huit ans de prison par la police du roi Hassan II, pour atteinte à la sûreté de l'état.
16. Publié en annexe à *Le roman maghrébin* d'Abdelkebir Khatibi (Paris: Maspéro, 1968), 142.

Après ce réquisitoire sévère contre les "représentants officiels", après avoir expliqué que la littérature francophone du Maghreb s'était jusque-là en grande partie limitée à traiter de l'acculturation et qu'il était grand temps de dépasser ce thème, Laâbi rejoint la position de Kateb Yacine, dont il admire l'œuvre et les positions courageuses. Allant au delà des complexes et des contradictions, s'exprimant en tant que poète dont le but est de "créer sa propre langue", il revendique lui aussi l'usage de la langue de l'ancien colonisateur:

> Au point où nous en sommes nous devinons déjà les charges que l'on retiendra contre nous et notamment celle du choix de la langue d'expression (145).

Sa revendication de la langue française s'accompagne d'une diatribe de certains poètes arabophones qui "même en employant la langue écrite nationale, restent à la surface d'eux-mêmes et de la réalité qu'ils veulent abstraire et mettre en cause"[17]. L'optique adoptée par la revue *Souffles*, la langue utilisée et surtout le langage tenu par ses animateurs leur vaudront de sévères réprimandes et les geôles du roi du Maroc, à une période où le Maghreb, en transition du fait de la décolonisation, demeurait toujours en crise. Ce malaise se faisait ressentir jusque dans la littérature, où la production d'œuvres littéraires accusait une sévère baisse, sans que la production en arabe classique n'ait pris la relève. Les années soixante virent les intellectuels maghrébins garder un silence étrange, qu'on n'arrive difficilement à expliquer encore aujourd'hui.

Ce premier aspect, principalement la baisse de la production littéraire quatre années après la fin de la guerre d'Algérie, a servi à soutenir l'argument des spécialistes de la littérature maghrébine, dont Yetiv, et qui avaient prédit la disparition de la littérature francophone du Maghreb. Un second aspect non moins négligeable, à savoir la politique d'arabisation, qui consistait à enseigner l'arabe classique, non le farabe et certainement pas le berbère, frappé d'interdiction. Cette campagne qui fut menée tambour battant par les représentants du pôle dominant, a aussi contribué aux conclusions si tranchées de Yetiv[18]. Pourtant Laâbi mettait en garde contre d'éventuelles conclusions hâtives:

> On peut se rendre compte aisément, en consultant les nouvelles publications, que ceux qui ont déclaré la mort immédiate de cette littérature se sont quelque peu empressés de conclure. Ceci n'exclut évidemment en rien les problèmes du statut même de la littérature maghrébine d'expression française, problèmes très délicats qui doivent être abordés avec prudence en excluant toute tendance à la systématisation (143).

---

17. La langue nationale désigne l'arabe classique.
18. Bien que Jean Déjeux ait émis une sévère mise en garde dans la postface à l'étude de Yetiv à la page 231.

Ces "locataires de la langue française"[19] sont parfois traités d'ingrats par l'occident qui les "loge", car ils ne manquent pas de se retourner contre lui; les plus révoltés vont même jusqu'à l'insulter dans sa propre maison. Attitude désespérée venant de locataires qui considèrent qu'une fois qu'ils ont payé, qu'ils ont arraché leur contrat de location par une longue lutte, il est hors de question que le propriétaire parle de "son" logement, car le handicap de départ de la langue non maternelle se transforme en outil de libération:

> Cette problématique est moins dramatique pour les pays arabes que pour l'Afrique Noire par exemple, la langue arabe étant considérée par les intéressés comme l'instrument culturel premier en vue d'une édification nationale authentique, qui consiste à remplacer les cultures satellites par des cultures intégrées et pluralistes (14).

Alors que Laâbi condamnait le pôle dominant et revendiquait l'usage de la langue française, l'attitude de Khatibi est plutôt mitigée. La situation des pays d'Afrique noire avec une multitude de langues et de cultures locales fait qu'il leur serait plus difficile de recouvrir une authentique culture nationale. Or, Khatibi manque de conséquence lorsqu'il parle de la situation des langues dans les pays arabes. S'il reconnaît qu'il y a une multiplicité de pays arabes, il fait vite le "saut"[20] et parle d'une "langue arabe" unique. Il prend comme hypothèse les propos courants à l'époque selon lesquels il y aurait une unité de peuples arabes ainsi qu'une et une seule langue[21]. Mais à la différence de Yetiv, Khatibi mentionne toutefois de façon succincte dans le premier chapitre[22], ce qui pourrait être l'ancêtre du pôle dominé. Comme nous allons le montrer, le pôle dominé avait ses exégètes et ses détracteurs du côté des Français d'Algérie aussi bien que de celui des autochtones algériens.

Les Français d'Algérie "dominés": Les algérianistes et l'école d'Alger

Fondateur d'un mouvement littéraire francophone d'Afrique du Nord qui se voulait indépendant de la métropole, et préconisait une collaboration de tous

---

19. Expression de Sony Labou Tansi.20. Il serait intéressant d'étudier les raisons de ce "saut". Nous tenterons de le faire dans le chapitre sur les diglossies.
20. Il serait intéressant d'étudier les raisons de ce "saut". Nous tenterons de le faire dans le chapitre sur les diglossies.
21. Nous sommes en 1968, un an après la guerre des six jours, grand moment du mythe de l'union des pays arabes, avec Nasser en Egypte. Vingt ans plus tard, dans *Maghreb pluriel*, Khatibi reviendra sur ses propos.
22. dans "Situation du roman maghrébin".

les intellectuels nord africains, qu'ils fussent de statut indigène ou citoyen français, Robert Randau[23] peut être considéré dans le domaine littéraire comme le fondateur du "pôle dominé français" au début du vingtième siècle[24]. Randau accepta de faire la préface à une "Anthologie algérienne"[25] dans laquelle il publiait un manifeste en faveur de l'algérianisme:

> Un jeune peuple franco-berbère commence à affirmer l'autonomie esthétique du terroir. [. . .] Nous voulons dégager notre autonomie esthétique (29).

Expliquant que l'Afrique du Nord et sa population "ont absorbé tous les conquérants" (29), il ira jusqu'à revendiquer en 1906, une littérature indépendante à l'égard de Paris, sans être "séparatiste" et en tentant d'inclure les "musulmans":

> Il doit y avoir une littérature nord-africaine car un peuple qui possède sa vie propre, doit posséder aussi une langue et une littérature à lui(29).

Vingt ans plus tard, la première anthologie de littérature algérienne intitulée "Notre Afrique" vit le jour où se côtoyaient des Algériens musulmans, juifs, "français"[26], et des écrivains femmes. Mais ce mouvement littéraire s'essoufflera, puis sera lentement supplanté pendant les années trente par "l'école d'Alger". Au milieu des années cinquante, alors que la guerre d'Algérie faisait rage, Henri Kréa reprenait le message de Randau et préconisait une littérature authentique qui utiliseraient les dialectes locaux[27] pour traiter des problèmes du petit peuple et éviterait les thèmes exotiques des "écrivains touristes" de la métropole. En pleine guerre d'Algérie, le poète Jean Sénac poussera l'engagement jusqu'au bout, en rejoignant le FLN[28].

Malgré cet appel désespéré aux intellectuels maghrébins, tout comme Randau avant lui, Henri Kréa[29] échouera dans son entreprise. Alors que la majorité des intellectuels autochtones se retrouvaient malgré eux sous

---

23. Robert Randau, *Les algérianistes* (Paris: Sansot, 1911). On lui a reproché d'avoir un peu trop chanté les bienfaits de la colonisation dans les années trente. Mais qui à l'époque avait songé à l'indépendance de l'Algérie? Pas même Ben Badis, chantre de l'arabo-islamisme, qui revendiquait la nationalité française uniquement pour les musulmans évolués comme lui et non le peuple, ni même Ferhat Abbas, premier président du G.P.R.A., Gouvernement Provisoire de la République Algérienne, qui "questionnait les pierres".
24. Il faudrait aussi mentionner Musette, pseudonyme d'Auguste Robinet, qui faisait l'apologie du petit peuple d'Alger, dans le parler pied-noir, genre de rital d'Afrique du Nord.
25. Jean Dejeux, *La littérature algérienne contemporaine* (Paris: PUF Que sais-je, 1975) 28.
26. Les "Français" originaires de la métropole ne considéraient pas les "autres" Européens d'Algérie comme des Français, mais comme des Espagnols, des Italiens, ou des Maltais.
27. Les "dialectes locaux" des pieds-noirs étaient le farabe et le kabyle.
28. Jean Sénac, *Pour une terre possible* (Paris: Marsa, 1999).
29. Moitié français, moitié "indigène" algérien.

l'hégémonie du pôle dominant, dans un contexte qui ne leur permettait guère de sortir du groupe sans se faire traiter d'assimilé ou de collaborateur, les intellectuels français de ce qu'on a appelé "l'école d'Alger", notamment Albert Camus et Jules Roy, se retrouvaient dans une situation très délicate qui allait devenir insoutenable.

La totalité des intellectuels français d'Afrique du Nord avait très peu de contact avec les réalités et le monde indigènes. Les intellectuels qui préconisaient l'engagement se trouvaient dans une situation plus difficile encore: leur pays de naissance, l'Algérie, et son peuple les Algériens, étaient précisément les colonisés, les humiliés, qu'ils devaient défendre. Entreprise combien ingrate sinon impossible à réaliser, lorsque leur propre patrie, la France et son peuple, les citoyens français, étaient les colonisateurs qu'ils devaient condamner et combattre en prenant les armes, en soutenant les "rebelles" du FLN, comme on le leur demandait. Si pour un colonisé, le problème de l'engagement revenait à choisir entre la liberté et l'esclavage, la situation devenait beaucoup plus complexe pour un Français d'Algérie. S'engager et soutenir les rebelles revenait d'une certaine manière, à trahir la mère patrie; ne pas s'engager revenait à manquer de conséquence, à trahir l'idéal de justice et d'humanisme et devenir comme disait Sartre, "un salaud". Ces intellectuels étaient souvent déchirés entre l'engagement qu'ils prêchaient dans leurs oeuvres et la situation dans laquelle ils vivaient. Même s'ils avaient peu de contact avec le monde indigène, ils ne pouvaient pas être aveugles au point de ne pas voir leur misère. De plus, quel sort leur réserverait-on après l'indépendance, eux qui étaient d'héritage judéo-chrétien, dans une Algérie uniquement arabe et musulmane? Eux qui parlaient français et qui étaient laïcs dans la plupart des cas, quel avenir les partisans d'une langue unique et d'une culture uniforme leur réservaient-ils? Ils auraient pu vivre dans une Algérie laïque et démocratique, mais quelle aurait été leur place dans une Algérie arabo-islamique qui niait jusqu'à ses propres millénaires d'histoire berbère, turque et française! Nul n'a incarné ce drame jusqu'à l'extrême et vécu personnellement cette déchirure autant qu'Albert Camus.

Albert Camus et l'école d'Alger

La victoire du Front Populaire en 1936 et la résistance devant la France de Vichy allait rassembler les forces progressistes parmi les Français d'Algérie et servir de catalyseur à un mouvement littéraire nommé "l'école d'Alger". Se voulant indépendante de l'hégémonie de la métropole, dans le sillage des algérianistes, cette école sera marquée par Emmanuel Robles[30]. Les plus radicaux de ses animateurs seront Jean Pélégri, Roger Curel et Marcel Moussy.

Pressé de toutes parts pour prendre position[31], condamné par les intellectuels de gauche pour ses prises de position mitigées ou inconséquentes, condamné à mort par les ultras d'extrême droite, Camus voyait une Algérie, où les injustices du colonialisme seraient bannis, mais "étroitement liée" à la France[32]. Or, les ultras d'extrême droite et les grands propriétaires terriens[33] voulaient maintenir tous leurs privilèges dans une Algérie française. La seconde partie de la position de Camus, cet "étroitement liée", pouvait être interprétée comme une des positions des ultras qui réclamaient une Algérie française. Cette position allait à la fois à l'encontre du FLN qui voulait que Camus "s'engage" plus ouvertement et de la position des ultras qui ne voulaient pas entendre du tout parler de concession. Pour les premiers, Camus ne s'était pas assez engagé, pour les seconds il en avait trop fait. De plus, Camus aggrava son cas avec sa célèbre déclaration de Stockholm, maintes fois partiellement citée et hors-contexte, donc maintes fois déformée. Condamnant le terrorisme qui frappait l'Algérie, en particulier la capitale Alger, Camus avait dit en pleine guerre d'Algérie, en faisant référence à sa mère, Catherine Sintes:

> J'ai toujours condamné aussi un terrorisme qui s'exerce aveuglément, dans les rues d'Alger par exemple, et qui un jour peut frapper ma mère. Je crois à la justice, mais je défendrais ma mère avant la justice[34].

On n'a hélas retenu que la dernière partie de la dernière phrase de sa déclaration: "je défendrais ma mère avant la justice", que les médias avaient vite déformée[35]. Camus fut bien sûr sévèrement critiqué, rejeté aussi bien par les ultras que par le pôle dominant. Il fut peut-être un peu trop sévèrement condamné par le pôle dominé[36]. Pouvait-il en être autrement à un moment où l'Algérie vivait une tragédie qui semble se répéter trente ans après? Camus a

---

30. La décennie 1945–1954 qui suivit la libération et qui précéda le début de la guerre d'Algérie allait voir pour la première fois des indigènes "musulmans" côtoyer des Français "européens" et israélites. Ces intellectuels vont prendre leur distance vis-à-vis des ultras colonialistes lesquels avaient été ouvertement pour le maréchal Pétain. Parmi eux Albert Camus, Roland Doukhan, Kateb Yacine, et Mostefa Lacheraf.
31. En brouille avec Sartre, puis avec Memmi, Camus pensait que l'indépendance devait être étalée sur plusieurs décennies.
32. Albert Camus, *Actuelles III* (Paris: Gallimard, 1958).
33. Alors que les ultras représentaient environ 4% de la population, autant que la noblesse française et le clergé en 1789, la grande majorité des "pieds-noirs pauvres" et des indigènes misérables se trouvaient dans une situation analogue à celle du tiers-état et du petit peuple sous Louis XVI.
34. Cité par Maurice Robin, *Camus et la politique* (Paris: L'Harmattan, 1986) 188.
35. On pourra consulter la pièce d'Alek Baylee Toumi, *Albert Camus: entre la mère et l'injustice*.
36. L'Algérie française, c'est ma mère patrie, et entre ma mère et la justice, je choisirais ma mère. Autrement dit, je défendrais les miens, la colonisation avant mon idéal de justice et de liberté. C'est ainsi que sa déclaration fut interprétée. Traître pour le pôle dominé, Camus était déjà condamné par les

été condamné et est mort loin de son Alger, "en exil" à Paris. Tout comme Kateb Yacine le sera, plus de vingt ans après lui.

Kateb Yacine, ou l'homme dominé

A la différence de Haddad, de Memmi et du pôle dominant, Kateb Yacine semble être l'intellectuel maghrébin le plus représentatif de la position opposée à une Algérie exclusivement arabe, position minoritaire, que nous appellerons pôle dominé. Nous allons examiner cette position, notamment vis-à-vis de la langue colonisatrice et des langues maternelles. Si au départ ce pôle ne niait pas la dimension arabe et musulmane de l'Afrique du Nord, il se plaçait néanmoins à l'autre extrême du spectre idéologique des nationalistes[37]. Tout en revendiquant l'engagement de la littérature, tout en défendant la révolution et en rejetant le colonialisme français pendant les années cinquante et au début des années soixante, ce pôle ne voyait aucune inconséquence à revendiquer l'usage de la langue du colonisateur[38]. Bien avant Laâbi, certains intellectuels allaient jusqu'à préconiser le maintien de la langue française dans le futur, comme langue de production[39] intellectuelle.

Effectivement depuis 1956, Kateb multipliait les déclarations "gênantes" et les attaques vis-à-vis du pôle dominant, n'hésitant pas à critiquer ses prédicateurs zélés, à soutenir publiquement le point de vue opposé, à revendiquer ce que eux ils condamnaient. Nous reprendrons dans un premier temps son célèbre entretien accordé à Geneviève Serreau des *Lettres Nouvelles* en 1956, que nous comparerons à l'étude de Khatibi en 1968[40]. Mais auparavant, un bref aperçu de son itinéraire s'impose.

---

ultras français qui voulaient le voir mort. Or, dans *Vérités sur la révolution algérienne*, Mohamed Lebdjaoui, alors représentant du FLN algérien, affirme que Camus, par l'intermédiaire des intellectuels, oeuvrait pour le dialogue entre les deux communautés, pour l'arrêt de la guerre, pour une Algérie algérienne, mais en étroite "collaboration" avec la France. Ce qui ne signifie pas nécessairement "faire le collabo" et se prostituer devant un colonialisme français ou autre. Si "collabo" il y avait, ce sont bien les antellectuels du pôle dominant qui n'étaient pas ouvertement contre le colonialisme français mais littéralement vendus au colonialisme arabo-islamique.

37. Il y a des nationalistes de droite, conservateurs et religieux et des nationalistes de gauche, laïcs et libéraux.
38. Une langue ne peut être qualifiée de colonisatrice. C'est son usage qui l'est ou qui ne l'est pas.
39. Alors qu'Aimé Césaire est pour l'usage du français, Edouard Glissant préconise l'usage de la langue maternelle, le créole. Kateb Yacine est opposé à "la langue liturgique," et a défendu la langue du peuple. Il semble que sa position combine à la fois celles de Césaire et de Glissant, puisqu'il revendique l'usage du français et des langues du peuple. La situation est plus compliquée en Afrique du Nord, puisque nous sommes en présence de trois langues maternelles, qui sont toutes frappées d'interdit. Nous reviendrons sur cet aspect des langues dans le chapitre Maghreb multiglossique.
40. Yetiv s'en est servi dans son ouvrage, mais pour soutenir le pôle dominant. Nous soutiendrons le pôle dominé.

Il faudrait préciser que le nom est Kateb et le prénom Yacine. Mais il signera Kateb Yacine, en souvenir de l'école. A l'âge de quatre ans, il est envoyé à l'école coranique où il apprit à réciter des versets en arabe classique sans jamais n'y rien comprendre, où dira-t-il on ne lui a "même pas appris à lire et à écrire l'arabe". Il va subir très jeune une seconde expérience traumatisante, commune à beaucoup d'intellectuels francophones: arraché de sa langue maternelle une seconde fois, il fût "jeté dans la gueule du loup" de l'école française où il séjournera pendant dix ans, jusqu'à la fin de la seconde guerre mondiale. Si le monde entier et la France libre célébraient la victoire des alliés sur l'Allemagne nazie, la France coloniale entendait maintenir le statu quo: il était hors de question d'affranchir les indigènes. Des villages entiers seront effacés de la carte ce vendredi 8 Mai 1945. Dans la région de Sétif, 45000 algériens seront massacrés en un jour! Officiellement, il n'y avait eu que 1500 victimes, le chiffre de 75000 a été avancé dernièrement[41]. L'ordre règnera pendant une décennie. Parmi les manifestants ce jour de libération de 1945, un jeune lycéen indigène de troisième. Il est arrêté et jeté en prison. Plus chanceux que certains de ses camarades de classe ou des membres de sa famille qui eux seront exécutés, Kateb ne sera qu'exclu du lycée. Suite aux massacres de Mai 45, la mère de Kateb perd la raison:

> "Elle, la source de tout, se jetait dans le feu, partout où il y avait du feu. Ses jambes, ses bras, sa tête n'étaient que brûlures"[42].

Kateb va vivre entouré de plusieurs folies, au sens propre et figuré du terme. Avec le rêve révolutionnaire de Mai 45 noyé dans le sang, avec la maladie de sa mère, il faudrait signaler une troisième souffrance morale, le chagrin d'amour pour une femme plus âgée, une cousine mariée à quelqu'un d'autre. En 1946, il n'a que 17 ans et il cherche l'oubli dans l'alcool. Il s'inscrit au PCA, Parti Communiste Algérien, et devient journaliste au quotidien *Alger Républicain*, itinéraire qu'il partagera très brièvement avec Camus. En 1949, ce futur stalinien bête noire des intégristes musulmans fera, aussi incroyable que cela puisse paraître aujourd'hui, un pèlerinage à La Mecque[43]. L'année suivante, après la mort de son père en 1950 commence la grande aventure à vingt ans, une cavale de plus de vingt ans, qui le mènera aux quatre coins du monde et d'où naîtra le plus beau roman maghrébin, *Nedjma*. Il fait tous les métiers pour

---

41. Il faudrait pouvoir consulter les archives. Il est encore probablement "tôt", certains "rétablisseurs d'ordre" sont encore vivants. Au début des années 80, il y avait eu autant d'opposition sur l'ouverture de ces archives du côté français que du côté du parti FLN. Le ministre chargé de rapatrier les archives, M.S. Ben Yahia trouva la mort dans un second accident d'avion!
42. Marcel Péju, "Ni arabe ni musulman, algérien et rebelle," *Jeune Afrique*, 28 Jan 87: 52.
43. Patrick Girard, "Solitaire, déchiré, révolté," *Jeune Afrique Magazine*, Dec 89, 60.

survivre, ne rentre en Algérie qu'en 1971, avec neuf ans de retard sur l'indépendance, continuera à vivre dans un exil intérieur dans un état de "semi-disgrâce", en froid avec le nouveau pouvoir dominant[44].

L'été de 1956[45] voyait la parution dans *Les Lettres Nouvelles*[46] d'un entretien au sujet des écrivains algériens. Geneviève Serreau y posait une série de question à Kateb Yacine sur la littérature algérienne aussi bien de langue française que de langue arabe. Elle l'interrogeait en particulier sur l'attitude à avoir maintenant (pendant la guerre d'Algérie) et à l'avenir (c'est-à-dire après l'indépendance) vis-à-vis de la langue colonisatrice. A la première question de Geneviève Serreau qui lui demandait s'il y avait réellement une littérature algérienne, Kateb répondait affirmativement, en précisant que:

> Le public, en France, ne connaît que notre littérature de langue française. Or, ce sont l'arabe et le kabyle, sans parler d'autres dialectes moins répandus, qui sont aux sources de notre littérature traditionnelle (107).

Kateb relie les sources de la littérature algérienne aux dialectes, c'est-à-dire aux langues parlées, et non aux langues écrites, résultat de la série de colonisations qui se sont succédées en Afrique du Nord. Ensuite, s'il reconnaît que la majorité de la population demeure analphabète du fait de la colonisation, il ne condamne pas pour autant la langue française. Bien au contraire, il n'envisage nullement de faire table rase en chassant la langue de Descartes, comme le pôle dominant le préconisait, mais la considère plutôt "comme une langue d'avenir, appelée, sans aucun doute à jouer un rôle de première importance dans la formation de notre culture nationale" (107). Emanant d'un autre que Kateb Yacine, ces propos auraient été qualifiés de trahison car ils pouvaient être considérés comme faisant l'apologie de la langue colonisatrice et de sa culture à un moment où toute l'Algérie était engagée dans un combat pour son indépendance. De plus, Kateb parle d'une "culture nationale en formation" alors que le pôle dominant rattachait la culture nationale au vieux monde arabe mythique, avec sa langue, l'arabe classique, son interprétation du texte religieux, et toute cette culture déjà établie et sa civilisation nées et développées au Moyen-Orient.

La seconde question de Serreau concernait précisément l'attitude à adopter face à la langue française, cet instrument de colonisation, qui avait été imposée aux Maghrébins. Elle y faisait un parallèle entre l'autrichien Kafka et la langue allemande, l'irlandais Beckett et la langue française, et les écrivains algériens;

---

44. Nous discuterons ultérieurement les raisons de cet état de disgrâce.
45. C'est-à-dire deux ans après le début de la guerre d'Algérie et deux ans avant le retour du général De Gaulle.
46. Geneviève Serreau, "Situation de l'écrivain algérien," *Les Lettres Nouvelles*, n 40 (Paris: Julliard, Juillet-Août 1956).

les deux premiers cités utilisaient eux aussi "un langage volé", vu que ni l'allemand, ni le français n'étaient leur langue maternelle respective. Elle précisait toutefois que dans le cas de Kafka et de Beckett, l'usage d'une langue non maternelle était dû à un choix fait en toute liberté, alors que chez les Algériens, il s'agissait d'un "vol imposé", d'où les rapports très difficiles, paradoxaux entre un intellectuel algérien et le français comme langue pouvant véhiculer une authentique culture nationale.

Or, Kateb ne partageait pas cette position et voyait le problème sous une optique différente. Il réitérait que la maîtrise de la langue s'était faite par une longue lutte d'apprentissage, malgré toutes les barrières érigées par le colonialisme. Aussi n'était-il plus question de discuter le droit d'usage de la langue française, ce droit ayant été arraché par une longue lutte, un travail laborieux et de longues souffrances:

> "C'est à ce titre que la langue française nous appartient et que nous entendons la préserver aussi jalousement que nos autres langues traditionnelles" (10).

Alors que le pôle dominant, avec la position de l'Algérien Haddad préconisait de faire table rase de tout ce qui pouvait rappeler la colonisation, Kateb tenait des propos considérés comme relevant du sacrilège et allait à l'encontre des intellectuels décolonisateurs maghrébins qui faisaient l'éloge de leur culture nationale, délimitaient son champ d'expression à "l'arabe", et la confondaient souvent, pour ne pas dire "l'assimilaient", avec la culture arabe du Moyen-Orient véhiculée par l'arabe classique.

A cet égard, Geneviève Serreau demandait à Kateb ce qu'il en était de la littérature algérienne de langue arabe:

> Il existe une littérature populaire de tradition orale, en arabe et en dialecte berbère comme le kabyle. [...] Quant à la littérature arabe de type classique, elle se développe difficilement, le système colonial ayant considérablement réduit l'enseignement de l'arabe et s'étant chargé de l'enliser dans un conservatisme désespéré. Parée de tous ses faux bijoux, flétrie de ses rides, figée dans la servitude, la littérature en arabe classique, en Algérie, n'est plus qu'une littérature d'outre-tombe (108).

Si elle avait émané d'un autre, cette déclaration aurait été qualifiée de révisionniste, voire de réactionnaire et de raciste. De plus, Kateb ne met pas toutes les responsabilités sur le dos du colonialisme. Car, on pourrait très facilement n'accuser que le colonialisme français et en faire le bouc émissaire de l'échec de cette littérature en Algérie. Mais, Kateb cite un autre facteur responsable du déclin de la langue arabe en Algérie, étroitement lié à la religion mais que le pôle dominant omet de mentionner et même de voir:

> Depuis des siècles, elle (la langue arabe) est réduite à un rôle strictement religieux, et corrompue par les castes aristocratiques qui en ont fait un orgueilleux jargon, précieux et exclusif, pour mieux dominer l'obscurantisme populaire (108).

Non seulement Kateb Yacine ne faisait l'apologie ni de la religion musulmane ni de l'arabe classique, mais il revendiquait l'usage des langues maternelles, les dialectes arabes et berbères, en l'occurrence le farabe et le kabyle, ainsi que la reconnaissance de la langue française en tant que partie intégrale de la culture nationale. Kateb appréhendait un peu prophétiquement même, un éventuel retour au moyen-âge et déplorait que:

> Repliée sur elle même, l'Algérie de demain ayant reconquis le droit à sa langue maternelle, soit vouée aux vagissements des ulémas tombés en enfance. Il serait déplorable que nos poètes de langue arabe continuent à chanter le lion du désert, la bien aimée aux dents de perles, et autres fadaises à l'usage des illettrés (109).

Après avoir condamné les thèses du pôle dominant, Kateb concluait sur ce point spécifique qui est l'usage de la langue française, en des termes très clairs:

> Il faudra lutter sur deux fronts: enseignement généralisé de la langue arabe et des dialectes berbères pour répondre aux exigences nationales, mais aussi maintien de la langue française pour accéder aux grands courants de la littérature moderne (110)[47].

Ces propos furent tenus en 1956. Deux années plus tard, alors que la guerre d'Algérie devenait plus meurtrière encore, un autre écrivain algérien Mouloud Mammeri, faisait la déclaration suivante:

> On peut être nationaliste algérien et écrivain français. Je crois d'ailleurs qu'avec l'indépendance, la langue française prendra un nouvel essor. Elle ne sera pas l'instrument d'une coercition, la marque d'une domination. Elle sera le canal de la culture moderne. Pour moi, je n'envisage pas d'écrire, jamais dans une autre langue[48].

Comme la totalité des intellectuels originaires de Kabylie, Mouloud Mammeri fut souvent injustement accusé de régionalisme et de séparatisme. La revendication de l'usage de la langue française devenait le cheval de bataille des intellectuels du pôle dominé. Les algérianistes, Albert Camus et Jules Roy, avaient en réalité plus en commun avec ce pôle dominé qu'avec les ultras de

---

47. Après l'indépendance, Kateb s'insurgera contre le pôle dominant. Rejetant l'arabe classique, il optera pour le farabe dans lequel il fera traduire et jouer son théâtre, qu'il écrivait d'abord en français.
48. Cité par Yetiv, 216. *Témoignage Chrétien* du 24 janvier 1958.

l'Algérie française et le pôle dominant, ancêtre des islamistes[49]. Mais, le contexte d'une sale guerre meurtrière a fait que les rendez-vous entre ces intellectuels dominés ont été ratés.

Kateb allait toutefois continuer ses déclarations et faire figure de cavalier solitaire. Alors que beaucoup d'intellectuels limitaient leur engagement à l'usage de la langue française, Kateb plus que tout autre voulait la voir présente dans le patrimoine algérien et allait prendre publiquement l'assaut du pôle dominant. Par son action, Kateb définira les thèses du pôle dominé: la reconnaissance de la langue française et la reconnaissance des langues maternelles. Deux de ses écrits les plus importants finiront par être interdits en Algérie. Leur étude nous révèlera l'impossibilité des intellectuels dominés à pouvoir s'unir.

---

49. L'historien et intellectuel algérien Mohamed Harbi a fait dans *Les apprentis sorciers du FLN* en 1991, à la page 51, la déclaration suivante: "Je crois qu'il faudrait s'attaquer en priorité au problème de l'éducation. Tout est parti de là. Lorsque le gouvernement de Boumédiene a décrété l'arabisation de l'enseignement, l'Algérie ne disposait pas des outils intellectuels, de la pédagogie et des maîtres pour arabiser correctement. On recruté comme enseignants des gens qui ne connaissaient que le Coran et qui n'avaient qu'une formation islamique. L'association des Oulémas s'est emparée de l'éducation nationale avec la complicité du ministre d'alors, Taleb Ibrahimi, dont l'histoire retiendra qu'il a livré à l'obscurantisme la jeunesse algérienne. Un des problèmes essentiels du pays était la coupure entre deux cultures, la culture moderne et la culture traditionnelle, qui ne se confondait pas avec la ligne de partage entre croyants et non-croyants. L'arabisation, qui fut en réalité une islamisation de l'enseignement, a encore aggravé cette coupure."

CHAPITRE 3

LE CAS KATEB YACINE[1]

A partir de deux de ses écrits, *Mohamed, prends ta valise* et *La guerre de 2000 ans* ainsi qu'à travers diverses déclarations, d'interviews en fragments, nous tenterons de comprendre les raisons pour lesquelles ces deux écrits ont été interdits. Ceci nous permettra de soulever, dans un premier temps, le problème de la langue française, devenue "non grata" en Algérie. Nous examinerons ensuite, le problème complexe de l'identité algérienne et de son rapport aux langues héritées des diverses colonisations, notamment la langue française. Enfin, nous présenterons la réception du personnage de Kateb Yacine, éternel insoumis, marginalisé puis injustement condamné par les tenants du pouvoir politique.

Renvoyé du lycée à seize ans pour avoir participé à la manifestation du 8 Mai 1945, le destin de celui qu'on appellera le Maghrébin aux "semelles de vent" sera marqué au fer rouge par cette première exclusion qui le condamnera à mener une vie aux quatre coins du monde, à errer à l'extérieur de son pays colonisé, sans jamais pouvoir s'y installer réellement. Pour celui qui est considéré comme l'un des plus grands, sinon le plus grand écrivain francophone du Maghreb, la tentation est de penser qu'après l'indépendance de l'Algérie Kateb Yacine pourrait alors librement exprimer ses opinions, écrire, publier, produire ses pièces en français et dans la langue maternelle de son peuple. Or, c'est la situation inverse, une réalité plus humiliante et plus opprimante encore, qui s'est produite. L'Algérie qu'il a immortalisée avec son monument littéraire, *Nedjma*[2], et qu'il a contribuée à libérer par son engagement, le condamna, elle aussi, à vivre en exil. Elle alla jusqu'à bannir certaines de ses pièces de théâtre

---

1. Titre emprunté à Abdelkebir Khatibi, qui avait parlé dans *Le roman maghrébin* du "cas Chraïbi" et qui avait consacré un chapitre entier, "l'écrivain errant," à Kateb Yacine. Jacqueline Arnaud publiera en 1986 *Le cas de Kateb Yacine*.
2. Kateb Yacine, *Nedjma* (Paris: Seuil, 1956).

alors que, comble du paradoxe, la France, ancienne puissance qu'il combattit en dénonçant son colonialisme et son racisme, lui a rendu publiquement hommage et lui a décerné en 1987 le Grand Prix National des Lettres[3].

Dix ans après les événements de mai 1945, on pouvait lire dans *Nedjma*, le témoignage suivant d'un adolescent:

> N'y a-t-il que le crime pour faire assassiner l'injustice? Mère, je me déshumanise et me transforme en lazaret, en abattoir! Que faire du sang, folle, et de qui te venger? C'est l'idée du sang qui me pousse au vin. [. . .] Depuis le 8 Mai 1945, quatorze membres de ma famille sont morts, sans compter les fusillés (83).

Kateb parle d'un crime, de sang versé, de la vengeance et d'une femme folle. Afin de bien comprendre ce passage très significatif et de saisir la gravité du drame que vit le poète, il faudrait le replacer dans son contexte.

Au commencement, il y a le choc de l'enfance où Kateb est enlevé à sa langue maternelle pour être jeté d'abord dans l'archaïque école coranique[4] et ensuite dans l'école coloniale. Après quelques années vécues dans un calme relatif, survient le traumatisme de l'adolescence, la révolte de mai noyée dans le sang pour maintenir le pays colonisé, puis une mère qui devient folle à la suite de massacres des membres de sa famille et une femme aimée perdue à jamais. Pour oublier cette "triple folie" et éviter lui-même d'y sombrer, l'exil supplantera partiellement l'alcool jusqu'en 1971. Le retour au pays tant aimé allait-il coïncider avec la fin du voyage? Le poète allait-il enfin connaître un peu de paix. Le pouvoir en place tente de l'amadouer, lui fait la cour non sans arrière pensée mais en vain: il reste incorruptible. Voulant se débarrasser de lui, on le nomme directeur d'une troupe de théâtre régionale. Mais c'était mal connaître Kateb et le pouvoir en sera pour ses frais dans cette tentative de récupération.

Mohamed, prends ta valise

1971 est aussi l'année où Kateb se met à produire des pièces en arabe. Faut-il croire comme Jacques Alessandra[5] que Kateb avait décidé d'abandonner le français pour écrire "en arabe"?

---

[3]. A propos de *Nedjma*, Jacqueline Arnaud affirme que le nom de Kateb avait été avancé en 1956 pour le prix Goncourt. Mais du fait de "la crise algérienne", on a "évité" de le faire et on l'a décerné à quelqu'un d'autre. Trente ans plus tard, Jack Lang corrigera cette injustice en lui décernant un grand prix littéraire.

[4]. Où l'on répète des versets du coran, en arabe classique. Tout comme si on répétait des passages de la bible écrits en latin, à l'âge de quatre ans, sans bien sûr comprendre le latin.

[5]. Jacques Alessandra, "Pourquoi Kateb Yacine a-t-il abandonné l'écriture française", *Présence Francophone*, n 24, Printemps 82 (Celef, Sherbrooke, Québec).

Je ressentais le besoin d'un théâtre en arabe populaire... La pièce (Mohamed, prends ta valise) était une pièce hybride: deux tiers du dialogue en arabe populaire et en berbère, plus exactement en tamazight, et un tiers en français[6].

Notons au passage la mention des langues populaires et du français. Le thème central de la pièce était celui de l'immigration. Mohamed, travailleur immigré subit les mêmes misères et les mêmes humiliations qu'avant l'indépendance, fait l'aller et le retour entre l'ancienne patrie et son pays d'origine qui s'en servent tous les deux pour régler leurs litiges pétroliers. La pièce eut énormément de succès et fut représentée entre 1971 et 1975 devant plus de 350 000 spectateurs[7]. Quelques années plus tard, elle sera mise sur la liste noire de la censure! Pourquoi devient-elle subitement interdite alors qu'elle était "en arabe"?

En 1974, pour fêter le vingtième anniversaire de la révolution algérienne, Kateb compose *La guerre de 2000 ans*. Le thème de la pièce est la lutte contre tous les colonisateurs du tiers-monde, notamment ceux de l'Afrique du Nord depuis la colonisation romaine à la colonisation française. Dans cette pièce Kateb traite aussi de la lutte des peuples vietnamien et palestinien. Il critique aussi bien les colonialismes français et britannique que l'impérialisme américain. Le rideau s'ouvre avec l'Internationale, chantée non plus en français mais en arabe populaire algérien[8]. Seulement Kateb ne s'est pas limité à faire une pièce qui ne parle que des problèmes internationaux. Les véritables problèmes sont ceux qui touchent directement le peuple, le problème de la culture, de la femme et de l'identité de l'Afrique du Nord. Dépassant la version officielle de l'histoire cautionnée par le pôle dominant, Kateb va aller au-delà des cent-trente années de colonisation française. Un des personnages principaux qui organise la résistance contre le colonisateur arabo-islamique du VIIIème siècle est une femme. Les envahisseurs de l'Afrique du Nord sont représentés par des cavaliers qui répètent en chœur:

"Il n'y a de dieu qu'Allah et Mohamed est son prophète"[9].

Aux colonisateurs qui lui demandent de se rendre, cette femme refuse d'obéir et de se convertir. Elle s'appelle Dihya et elle est plus connue sous son nom de

---

6. Hamid Barrada, "Kateb Yacine dit tout", *Jeune Afrique Magazine* Juin 88: 74.
7. Jacqueline Arnaud, *Le cas de Kateb Yacine* (Paris: Publisud, 1986), 577.
8. Kateb n'a jamais caché ses convictions politiques. Il était communiste, par surcroît stalinien, tout comme l'avait été par exemple Jean-Paul Sartre avant lui. Ceci était bien sûr une première hérésie aux yeux du pouvoir et de ses alliés islamistes.
9. Jacqueline Arnaud, *L'oeuvre en fragments* (Paris: Sindbad, 1986), 430. Il s'agit de la "chahada", profession de foi, premier devoir que fait un croyant qui se convertit à l'Islam.

guerre "La Kahena"[10]. Reine des Aurès, elle avait réussi à unir les tribus berbères et avait organisé la lutte contre l'esclavage, pour la dignité et la liberté. C'est en ces termes qu'elle s'adresse à l'envahisseur:

> Toutes ces religions qui n'en sont qu'une
> servent des rois étrangers.
> Ils veulent nous prendre notre pays.
> Les meilleures terres ne leur suffisent pas.
> Ils veulent aussi l'âme et l'esprit de notre peuple (428).

Ces envahisseurs qui viennent de l'actuelle Arabie Saoudite ne sont pas présentés comme des "civilisateurs"[11] mais comme des marchands intéressés, venus piller les richesses de l'Afrique du Nord et transformer son peuple en esclaves. Représentations très pertinentes, car pourquoi ces colonisateurs seraient-ils différents de ceux qui les ont précédés ou de ceux qui allaient leur succéder? Derrière cette présentation des colonisateurs, Kateb rejette la religion utilisée à des fins rétrogrades afin d'opprimer le peuple. Mais, le fait que le colonisateur vient précisément de la terre de l'Islam cette fois-ci, rend la question on ne peut plus délicate. Vu sous l'optique katébienne, le slogan officiel du parti FLN, celui d'"une Algérie arabo-musulmane," peut être considéré comme une recherche de l'assimilation et de l'intégration dans un monde arabe. On peut facilement deviner la réaction de ce pouvoir qui ne va pas tarder à se manifester.

Kateb est accusé de faire du "berbérisme", d'être anti-musulman[12] alors qu'il n'était qu'anti-clérical. Il a d'ailleurs dit à ce sujet:

> Je suis profondément anti-religieux quand toute religion me terrorise, et la religion me terrorise dès qu'elle s'érige en religion d'Etat, s'assimile au pouvoir d'état, et abandonne son territoire propre pour envahir l'école, le cinéma, la littérature. Si elle se contentait d'être une affaire de croyance personnelle et de rester à sa place, je n'y verrai aucun mal. Ce que je récuse, c'est la terreur religieuse[13].

---

10. Personnage légendaire très controversé. Selon le sociologue nord africain Ibn Khaldoun, considéré par beaucoup d'experts comme le fondateur de la sociologie moderne, La Kahena ou Kahina était une berbère de confession judaïque. Kateb a osé revendiquer cette partie "délicate" de l'histoire des Berbères. Il n'y a aucun problème à le faire, puisqu'au VIIIème siècle, les ancêtres nord africains étaient de confession païenne, chrétienne ou juive. Il n'y avait pas encore d'Islam. Même l'Arabie Saoudite, était païenne.
11. Le pôle dominant a toujours présenté le colonisateur du VIIIème siècle, venant de l'actuel Arabie Saoudite, comme un "bon colonisateur", tellement bon et juste, qu'à son passage, tout le monde s'était converti spontanément à l'Islam.
12. Il faudrait signaler que Kateb avait tenu des propos provocateurs. Il avait dit tout haut ce que beaucoup pensent tout bas, traité les frères musulmans de "frères monuments" et osé qualifier les minarets des mosquées, de "missiles qui refusent de décoller". D'aucuns soutiennent que Kateb aurait emprunté cette expression à un architecte.
13. Hamid Barrada, "Kateb Yacine dit tout," *Jeune Afrique Magazine*, Paris: Juin 88, 79.

Dans la pièce *La guerre de 2000 ans*, il est profondément laïc et défend le peuple imazighen et leur terre d'Amazigh. D'origine berbère, le terme imazighen désignait les premiers habitants d'Afrique du Nord et signifie "hommes libres". Ces Imazighens, devenus aujourd'hui Nord-Africains ou Maghrébins sont les éternels humiliés sous les divers colonialismes, qui nient leur identité et les traitent de Berbères, de Maures, de Maghrébins, d'Arabes, de Nord-Africains, selon leurs intérêts du moment. Non seulement Kateb est anticlérical, mais il fait l'éloge de la femme[14] nord africaine. Et pas de n'importe quelle femme: il a choisi La Kahena, femme rebelle, qui décide de mourir au combat, debout la tête haute, plutôt que de se rendre:

> Ils m'appellent Kahina, ils nous appellent berbères,
> comme les Romains appelaient barbares nos ancêtres. [. . .]
> Comme tous les envahisseurs, ils appellent barbares,
> les peuples qu'ils oppriment, tout en prétendant les civiliser.
> Ils nous appellent barbares, pendant qu'ils pillent notre pays (430)[15].

Alors que le pouvoir dominant se faisait le chantre de l'arabo-islamisme, se réclamant plus arabe encore que l'Arabie Saoudite, archétype de la société patriarcale, Kateb commettait un second sacrilège. Il faisait l'éloge de la personnalité algérienne par l'intermédiaire d'une femme berbère:

> Comme je me suis insurgé contre l'Algérie française, je m'insurge contre l'Algérie arabo-musulmane. On ligote un peuple à travers une langue et une religion. Je ne suis ni arabe, ni musulman. Je suis Algérien[16].

Kateb n'est ni un berbéro-matérialiste[17] ni un séparatiste comme on serait tenté de conclure. Il s'insurge contre toutes les formes d'assimilation, y compris l'arabo-islamisme et la réaction du pouvoir sera violente et très sévère:

> En 1976, il fut interdit de parole par des circulaires du ministère de l'Intérieur. Il fut violemment pris à partie par la presse de langue arabe qui l'accusait de "trahison culturelle". Un des principaux griefs qui lui sont faits concerne précisément sa position en faveur de la langue dialectale[18].

---

14. Selon Rachid Mimouni, la femme est pour les islamistes du FIS ce que le juif était pour les nazis d'Hitler.
15. Arnaud utilise Kahina au lieu de Kahena. Les deux orthographes ont été utilisées.
16. "Le retour de Kateb Yacine," *Jeune Afrique* n 1360, 28 jan 87, p 51.
17. Les intellectuels Kabyles dominés, partisans d'une république algérienne laïque et non araboislamique, furent accusés de séparatistes, de marxistes. Les arabo-islamistes les avaient traités de berbéro-matérialistes.
18. Gilbert Granguillaume, *Arabisation et politique linguistique au Maghreb* (Paris: Maisonneuve et Larose, 1983) 131.

Parce que "interdit de parole", Kateb va se remettre à parler de plus belle. Le printemps de cette année 1976 lui donnera l'occasion de le faire publiquement.

Effectivement, en avril de cette année-là, le gouvernement de Boumediène décide de publier un avant projet de "charte nationale", qui devait définir la politique algérienne, notamment dans le domaine culturel. Il était précisé, et même "garanti", que les débats devaient se faire démocratiquement et que les citoyens pourraient s'exprimer librement. C'était une tribune ouverte aux intellectuels, qui trouvaient là une rare occasion de remettre en question la thèse officielle de l'unicité. Or, le pouvoir n'avait nullement l'intention de tenir ses promesses:

> Une circulaire confidentielle du ministère de l'intérieur aux walis (préfets) d'Algérie leur donne la consigne de ne pas laisser Kateb Yacine prendre la parole en public. Une seconde circulaire précise qu'il pourrait être interpellé en ce cas (190).

Le pouvoir voulait mettre la laisse de force à cet "enragé" qui refusait de se taire. La presse officielle, notamment en langue arabe (classique), va se déchaîner. Les accusations et les diffamations vont pleuvoir sur lui; il est accusé de berbériste, de communiste et d'autres qualificatifs plus dégradants. On lui reproche son athéisme, on l'accuse de ne pas comprendre l'Islam. Accusations gratuites, car même si Kateb était athée[19], il ne serait que conséquent avec lui-même dans son rejet de tous les colonisateurs de l'Afrique du Nord.

En remettant en question le slogan officiel du pouvoir dominant, Kateb devient une menace sérieuse pour le pouvoir en place qui, tolérait les islamistes pour mieux lâcher cette meute enragée sur les intellectuels insoumis. S'il affirme n'être ni arabe ni musulman, c'est peut-être parce qu'il veut revendiquer pleinement son algérianité. Cette algérianité n'a d'ailleurs été définie que par une seule dimension, à savoir l'arabo-islamisme, définition exclusive des adeptes du pôle dominant. En revendiquant une algérianité multiple, il rejoint partiellement les "Français d'Algérie dominés", des intellectuels comme Jules Roy, Pierre Nora, ou même le cinéaste Roger Hanin. Kateb remet aussi en question la définition officielle de la personnalité et de l'identité algérienne. Avec cette position, il veut forcer le pouvoir à discuter sa thèse de l'unicité arabo-islamique, à se demander ce qu'est la culture, ce qu'est la littérature algérienne et ce qu'est que la personnalité algérienne? De par ses prises de positions conséquentes et ses actions concrètes, il va définir le pôle dominé. Solitaire, Kateb sera l'homme dominé par excellence.

Bien que déclaré hérétique, accusé d'être anti-arabe et anti-musulman, Kateb

---

19. Il ne le cachait d'ailleurs pas. Or, selon le Coran, l'homme est libre de croire comme de ne pas croire. On peut donc être athée ou non musulman et demeurer Algérien.

restera conséquent avec lui-même et ne fera pas d'excuses. Bien avant l'affaire Salman Rushdie, Kateb était devenu la cible des "fous de dieu". Le thème de *Mohamed, prends ta valise* est vicieusement déformé; la diffamation prend de l'ampleur[20]. Mohamed, dit-on, c'est le prophète de l'Islam, aussi le titre signifierait-il "Mahomet, va-t-en", c'est à dire "Islam, rentre chez toi". Accusation absurde, car Mohamed est un prénom commun porté par des milliers de travailleurs immigrés nord-africains. Entre eux, lorsqu'un travailleur immigré ne connaît pas un autre, il est courant de le voir interpeller la personne qu'il ne connaît pas par "Mohamed" ou "mon frère Mohamed". Kateb est maltraité, calomnié, traité de "Kateb Lénine" et même menacé. Du fait du laxisme d'un pouvoir complice, les représentations des pièces de Kateb seront, dans un premier temps interrompus. *La guerre de 2000 ans* finira par être interdite et les autres pièces de Kateb ne passeront plus jamais sur les scènes de la capitale algérienne.

Une paria: la langue française

Si Kateb avait temporairement arrêté la publication de ses oeuvres en français, ce n'était pas par nationalisme arabe. S'il avait suspendu la publication de ses oeuvres, ce n'était certainement pas par abandon de la langue française. Ce n'était pas non plus dû à une impuissance à écrire ou à un embourgeoisement soudain comme l'avaient accusé certains de ses compatriotes écrivains[21]. Dans un entretien donné à la revue *Voix Multiples*[22] Kateb s'est longuement étendu sur les diverses raisons de son silence, lequel était dû à un choix volontaire et dûment réfléchi. Kateb explique que ne pas publier ne signifie pas nécessairement arrêt d'écriture. De plus, il ne voulait plus écrire et publier en France pour une minorité d'intellectuels. S'il rend hommage à Jacqueline Arnaud et à Jean–Marie Serreau, il n'en critique pas moins les experts français tel Jean Déjeux[23] et la machine à éditer en France. Il était fatigué des problèmes que lui avait posés ses éditeurs qui se comportaient à la fois en mécène et en maître chanteur de la plume[24]. Car, à quoi cela peut-il servir de se targuer d'être un

---

20. Arnaud, *Le cas de Kateb* 600.
21. Respectivement, Rachid Boudjedra et Noureddine Aba.
22. Entretien publié dans l'ouvrage de Hafid Gafaïti, *Kateb Yacine* (Laphomic: Alger, 1986).
23. Dans l'interview donné à Gafaïti, Kateb reproche à Déjeux son attitude néocolonialiste. Il a été déçu des résultats des études faites sur son oeuvre, sur "les balivernes" écrites sur Nedjma.
24. Kateb s'est plaint en particulier du fait que l'éditeur ne lui donnait jamais assez de temps pour finir son ouvrage. Que l'éditeur qui avançait une mensualité maltraitait les écrivains africains, les pressait de produire. Comme il n'avait que cette maigre "solde" pour survivre, il devait très souvent rendre du travail inachevé. L'éditeur voulait un ouvrage; même bâclé, aussi longtemps que ça pouvait rapporter, il ne se préoccupait que peu de la qualité, vu qu'un ouvrage moyen était un bon investissement aussi longtemps qu'il venait de quelqu'un de connu comme Kateb.

écrivain engagé et d'écrire pour une infime minorité d'intellectuels petit bourgeois, lorsque la grande majorité du peuple est analphabète? Ce que Kateb voulait d'abord, c'était rentrer dans son pays indépendant et écrire pour son peuple, toucher la grande majorité des Algériens.

Kateb, comme tout écrivain africain et du tiers-monde, se doutait que les pressions qu'il avait reçues de ses éditeurs français n'allaient pas magiquement disparaître en Algérie. Il se doutait bien qu'il allait à nouveau faire face à des problèmes de censure, peut-être plus sérieux encore. Mais là n'était pas le plus grand handicap. La réalité est que le peuple algérien et maghrébin qu'il voulait toucher demeurait dans sa majorité toujours analphabète. Il ne lisait aucune langue, il ne parlait que ses langues maternelles. Aussi en toute logique, si on voulait toucher ce peuple, si on voulait contribuer à la campagne d'alphabétisation et à la campagne officielle d'"arabisation" du peuple, il fallait s'adresser à ce peuple dans les langues comprises par lui. Très conséquent avec lui-même et en toute honnêteté intellectuelle, Kateb avait décidé de s'adresser au peuple dans la seule langue qu'il connaît et comprend, "sa" langue maternelle. Le théâtre devenait la voie naturelle, le seul choix possible pour toucher la majorité de ce peuple analphabète. C'est la raison pour laquelle il accepta de s'occuper de la troupe du "Théâtre de la mer".

Malgré toutes les difficultés matérielles et financières que peut rencontrer une jeune troupe, Kateb refusait d'abandonner et continuait à produire ses pièces de théâtre en Algérie. Il décidait de les mettre en scène lui même, "en arabe" cette fois-ci. Aussi pourrait-on penser que les vœux du pouvoir jacobin qui menait une campagne d'arabisation à outrance et qui voulait récupérer Kateb, allaient donc être exaucés. Mais le problème de la censure demeurait car une fois traduites "en arabe" ses pièces ne passaient pas à la télévision, interdites par ce même pouvoir qui se disait "révolutionnaire" et qui menait la chasse à la langue française dans le cadre de sa "révolution culturelle". Aussi est-on en droit de se demander pourquoi ces pièces en arabe, traitant d'un problème aussi inoffensif, étaient bannies. Etait-ce leur contenu, jugé excessivement révolutionnaire jusqu'à devenir révisionniste? Etait-ce les thèmes que Kateb traitait qui dérangeaient? Ou bien y avait-il d'autres raisons qu'on ne peut que difficilement imaginer, car elles frisent la contradiction extrême sinon le ridicule.

Si Kateb décide de produire un théâtre "en arabe", il faudrait préciser qu'il le fait en l'arabe algérien. C'est plus dans ce domaine, croyons-nous, qu'il faudrait chercher une réponse à l'interdit. Sur cette question de l'utilisation de l'arabe dialectal pour produire des pièces, Kateb a toujours été conséquent:

> La langue populaire s'imposait en effet. Pour la bonne raison que toutes les expériences d'un théâtre en arabe classique ont abouti à un fiasco. On a joué par

exemple *Le cadavre encerclé* excellemment traduit par ailleurs, devant des fauteuils vides: pas plus de cent personnes! On a fait une autre expérience à mi-chemin entre l'arabe classique et l'arabe dit administratif, c'est-à-dire débarrassé de ses prétentions littéraires. Sans plus de succès[25].

Deux points à signaler dans les propos de Kateb: la distinction entre langue populaire et langue administrative ou officielle et le fait qu'il y a traduction. De cette première tentative d'adaptation, il faudrait signaler que Kateb n'a pas du tout abandonné l'écriture en français pour soudainement se mettre à écrire "en arabe", comme le pouvoir en place l'aurait souhaité:

"J'ai besoin d'écrire. Or, je ne peux écrire que dans la langue que je possède le mieux, le français"[26].

Dans *L'oeuvre en fragments*, Jacqueline Arnaud précise que

"Les compositions théâtrales en arabe (sont) d'abord écrites en version française, on s'en apercevra ici. Et Kateb n'a jamais dit qu'il avait cessé d'écrire en français, puisqu'il ne le peut dans une autre langue"[27].

On serait tenté de conclure que c'est parce que Kateb rédige toujours en français, langue du colonisateur, et non "en arabe" que ses pièces sont interdites. Le fait est que Kateb continuait à écrire en français et en même temps à produire des pièces dans la langue maternelle du peuple algérien. Ni la tentative de récupération, ni l'interdit de parole, ni les intimidations, ni même la censure ne viendront à bout de cet insoumis. Aussi, le pouvoir de 1978 n'hésitera pas:

Le nouveau ministre ne nous appréciait guère. Nous avons même été chassés du local.[...] Notre théâtre à vocation éminemment critique, faisait peur à certaines personnes installées dans les rouages de l'état [28].

C'est un nouvel exil, mais à l'intérieur du pays cette fois-ci, forcé par un pouvoir qui se faisait le chantre de la révolution. Pendant les années soixante-dix, tous les mouvements de libération du tiers-monde ne trouvaient-ils pas asile chez ce parti FLN[29]? Plus que dans le contenu, c'est dans la langue même

---
25. Barrada 75.
26. Hamid Barrada, "Kateb Yacine", *Jeune Afrique Magazine*, Juil-Août 88: 53.
27. Jacqueline Arnaud, *Kateb Yacine L'œuvre en fragments* (Paris: Sindbad,1986), 15.
28. Barrada 75. 1978 marque le début de l'ère Chadli.
29. Les Black Panthers d'Eldridge Cleaver, l'A.N.C., l'O.L.P., le Front POLISARIO, pour ne citer que les plus grands noms. En Algérie, on défendait les droits de l'homme pour tous les peuples, sauf pour les Algériens!

qu'il faudrait peut-être chercher les motifs de l'interdit de ces pièces ou de son exil.

Dans *L'ordre du discours*, Michel Foucault analyse trois procédés d'exclusion: la recherche de la vérité, le partage entre la raison et la folie et l'interdit. Il y a deux domaines du discours où ce dernier est étroitement lié au désir et au pouvoir, où le discours devient par moment objet du désir et instrument du pouvoir, la sexualité et la politique. Michel Foucault distingue trois types d'interdits:

> On sait bien qu'on n'a pas le droit de tout dire, qu'on ne peut pas parler de tout dans n'importe quelle circonstance, que n'importe qui enfin ne peut pas parler de n'importe quoi. Tabou de l'objet, rituel de la circonstance, droit privilégié ou exclusif du sujet qui parle: on a là trois types d'interdits qui se croisent, se renforcent, où se compensent, formant une grille complexe qui ne cesse de se modifier[30].

Dans le cas qui nous intéresse, on pourrait aussi ajouter la langue maternelle, véhicule principal du discours, qui est frappée d'interdit. Ensuite, il faudrait différencier entre langue maternelle et langue de travail de l'auteur. Le français ou l'anglais sont à la fois langue maternelle et langue de production du discours, pour l'écrasante majorité du peuple français ou nord-américain et pour les intellectuels de ces pays respectifs. Aussi le problème ne se posait-il évidemment pas. Or, ceci n'est pas le cas en Afrique du Nord où le problème sévit d'une manière chronique, où la diglossie constamment en mouvement complique l'équation. Lorsque les langues maternelles comme moyens d'expression culturelle sont à peine tolérées, sinon elles-mêmes interdites, la lutte contre l'interdit devient insoutenable, sous un régime par surcroît répressif. D'autant plus que la langue de production de l'intellectuel, dans notre cas la langue française est elle-même une "paria" associée au néo-colonialisme. S'exiler, quitter le pays, ou bien demeurer à l'intérieur et subir les pressions et les menaces du pouvoir?

Kateb acceptait de produire des pièces, tant qu'il pouvait parler. Dès que sa liberté d'expression était mise en péril, il s'exilait. L'exil devenait pour lui un moyen de faire comprendre aux bourreaux de la plume qu'il n'avait pas l'intention de se laisser taire:

> Kateb joue donc le jeu de prendre au pied de la lettre le discours socialiste et populaire des dirigeants, accepte si on lui propose, de collaborer aux journaux à la radio, à la télévision, au théâtre ou au cinéma, en exigeant la liberté d'expression, et en se retirant quand elle lui est enlevée. Jeu du pot de terre contre le pot de fer. D'où les nombreux aller et retour à l'étranger depuis 1962, le refus de toute fonctionnarisation, mais aussi de l'opposition et de l'exil irréductibles[31].

---

30. Michel Foucault, *L'ordre du discours* (Paris: Gallimard, 1971) 11.
31. Arnaud, *Le cas de Kateb* 565.

Lui qui avait subverti l'écriture, allait-il réussir à subvertir la nature même de l'exil? A la question de savoir si un jour ses pièces de théâtre passeraient à la télévision, Kateb répondait par le négatif:

> Non, pour des raisons politiques: *l'arabe populaire en est banni*! Les bulletins d'informations sont donnés *en arabe classique et personne n'y comprend goutte*. J'ai proposé un jour que le chef de l'état prononce ses discours en arabe populaire, ce serait un événement, mais je n'ai pas été entendu. L'utilisation dans la vie politique du classique n'est pas sans arrière-pensée. Il s'agit de tenir le peuple à l'écart, de l'empêcher de comprendre, d'avoir son mot à dire[32].

Dans la réponse de Kateb, il faudrait remarquer le fait que le discours officiel est tenu, maintenu, en "arabe classique" langue non parlée, ni comprise par l'écrasante majorité du peuple et la volonté du pouvoir de pérenniser cette situation. Le français, langue des lettrés et des intellectuels, n'est pas reconnu officiellement et ne demeure toléré que parce qu'on ne peut s'en passer pour les échanges économiques. Notons aussi que "l'arabe populaire" est banni, tout comme l'autre langue maternelle des Algériens, le berbère.

Complexité de l'interdit

Le croisement de la grille foucaldienne devient plus complexe encore puisque nous sommes en présence de plusieurs langues qui composent le discours. Jusqu'à aujourd'hui, les différents experts ont très souvent fait une opposition binaire, la langue française à la langue "arabe." Combat entre la langue anciennement colonisatrice contre celle de l'arabo-islamisme, entre francisants et arabisants, comme on a souvent tendance à dire. Mais supposons un instant que l'Algérien n'ait pas pour langue maternelle l'arabe classique ni oriental. Supposons qu'il parle un *créole* nord africain différent. Mais, nous dira-t-on, le dialectal est le même que le classique, il n'y a pas de différence, c'est de l'arabe! Comment expliquer alors ces maintes crises d'identité culturelle, où l'on a bien ressorti des tiroirs de l'histoire la vieille langue berbère, bouc émissaire de circonstance qui, elle, est certes différente, mais qui n'est pas la seule dans ce cas. Si on l'a mentionnée le temps d'un orage, on s'est vite appliqué à l'oublier, tout comme l'autre langue maternelle algérienne, "l'arabe populaire".

Le fait est que nous sommes en présence de non pas deux, ni trois langues en compétition mais plutôt de quatre: deux langues maternelles, "l'arabe populaire

---

32. Barrada 77. Souligné par nous.

dialectal algérien" et le berbère, et deux langues étrangères, le français et l'arabe classique. Les deux premières langues citées sont la langue maternelle de la majorité de la population. Dans les discussions de tous les jours, les gens se servent du farabe et du berbère; le français, bien que langue étrangère, est utilisé quotidiennement, notamment dans les grandes villes. Elle demeure toujours l'outil de travail de la majorité des intellectuels, alors que l'arabe classique, si elle est certes la langue du discours officiel, il faut le dire sans complexe, n'est la langue maternelle de personne:

> Ecrire en arabe ne suffit pas, car la langue littérale, la langue classique, *celle qui est écrite, n'est pas parlée par le peuple*[33],

disait Ben Jelloun, il y a plus de vingt-cinq ans. Quelle aubaine pour un régime autoritaire que d'avoir une langue parlée qui n'est pas écrite, une langue écrite qui n'est pas parlée! Aussi cette dernière est-elle très utile en tant qu'instrument de censure, outil idéal du pouvoir qui entretient la confusion, d'autant plus qu'il dispose d'un seul signifiant "arabe"[34] qui désigne ces deux langues différentes. Car le pouvoir exige des intellectuels qu'ils s'arabisent, c'est à dire qu'ils produisent "en arabe". Mais n'était-ce pas ce que faisait Kateb avec son théâtre?

Produire ses oeuvres en arabe peut signifier produire en farabe ou bien en arabe classique. Kateb choisit donc la langue maternelle du peuple, celle que le peuple connaît et que le peuple comprend. Il veut toucher le peuple, un peuple très jeune[35], c'est-à-dire des garçons, des filles, des hommes, des femmes, des vieux, et des vieilles. A propos de jeunes, Kateb a dit:

> Il se trouve qu'il y avait un concours qui s'appelle "El Hadika Essahira" où on a fait passer les spectacles des écoles à la télévision. Nous avons essayé de participer mais notre pièce a été écartée parce qu'elle n'était pas en arabe littéraire. Pourtant, à ma connaissance, il n'existe aucun texte qui interdise l'arabe populaire en Algérie[36].

C'est donc que le pouvoir exige une production en arabe classique tout en laissant croire qu'il demande une production en farabe. Or, le peuple ne maîtrise pas, ne parle pas cette langue et ne la comprend que très mal. Le pouvoir veut-il délibérément maintenir le peuple ignorant? Kateb en était convaincu, il l'a d'ailleurs déclaré publiquement[37].

---

33. Tahar Ben Jelloun, *Le Monde Diplomatique*, "Kateb Yacine à l'écoute de son peuple", Nov 1975, 36.
34. Nous tenterons d'étudier les maints signifiés du signifiant "arabe", souvent contradictoires.
35. En Algérie, depuis les années soixante-dix, 75 % de la population a moins de vingt cinq ans.
36. Gafaïti 53. "El Hadika Essahira" signifie "le jardin enchanté", émission éducative pour les enfants.
37. Voir la note 35 de ce travail.

Toute la production culturelle en berbère ou en farabe comprise par le peuple, est considérée comme subversive, et est donc souvent exclue. A l'inverse, tout ce qui est importé ou transformé en arabe classique est presque admis d'office, quel que soit son état ou son contenu, même réactionnaire. Les quelques rares écrivains progressistes qui écrivent en arabe classique, comme Wacini Larej, n'échappent pas à l'exclusion eux aussi. Si le fait de ne produire qu'en français, équivaut à ne produire que pour les lettrés et les intellectuels, ne produire qu'en arabe classique, élimine d'office le peuple illettré et la majorité des intellectuels francophones. Inversement, la minorité d'antellectuels du pôle dominant se retrouve seule sur le terrain de la culture officielle, en compagnie de quelques rares intellectuels bilingues! Du fait de cet analphabétisme[38], à moins de produire en farabe et en berbère, le peuple ne sera pas touché puisqu'il ne lit aucune langue. Si l'on veut toucher la majorité du peuple et les intellectuels, il ne reste plus qu'à produire dans les langues maternelles du peuple, en farabe et en berbère, quitte à produire en français, vu qu'on ne peut écrire qu'en français, et ensuite traduire. Or, c'est ce que faisait Kateb Yacine: de son expérience de "triple folie" à la tentation de dire la vérité au peuple, de son entreprise de s'adresser au peuple dans les langues maternelles "interdites", Kateb en véritable "fou", a cumulé les trois procédés d'exclusion foucaldienne. D'où la volonté du pouvoir d'éliminer à la racine, son outil original de production subversive, la langue française.

Comment conclure sur l'homme dominé, sur ce sujet de l'écrit et l'écrivain interdit tel que Kateb Yacine l'incarne? Comment lutter contre ceux qui veulent tout interdire, ces intégristes qui comme disait Kateb "n'ont rien d'intègres", qui veulent bannir la langue française, interdire tous les arts, la musique, la danse, "le théâtre, la littérature, le sport, le cinéma"[39]! Que faire devant ces "fatwas" sans appel, véritables condamnation à mort, appel au meurtre, qui n'offrent d'alternative que l'exil éternel, la vie en cachette sous une protection permanente:

> Chantage. Tintamarres. Condamnation à mort décidées par des imams ignares et ignorants contre tout ce qui pense et tout ce qui bouge. Et cela chaque vendredi. Impunément, toujours. Artistes dont le sang est licite. Ecrivain à égorger. Femmes à brûler vives. Syndicalistes à fouetter jusqu'à ce que mort s'ensuive.

---

38. Dans *FIS de la haine*, à la page 56, Rachid Boudjedra affirme que « 47% de la population est analphabète,» soit un Algérien sur deux. Ce chiffre est bien en deçà de la réalité, car il y a toute une génération d'"illettrés bilingues", qui savent à peine lire et écrire en arabe et en français, mais qui sont considérés lettrés. Le chiffre de 80% d'illettrés serait une estimation plus proche de la réalité. Dans « *Algérie, lutte de clans ou lutte de classe,* » du *Monde Diplomatique* de juillet 2001, la journaliste Ghania Mouffok dit que sur 100 élèves qui entre à l'école primaire, seulement 4 réussiront au bac! Les 96% d'exclus, atterrissent souvent dans les filets de récupération islamiste.
39. Boudjedra, *FIS* 111.

Mais en Algérie, heureusement Salman Rushdie n'a pas fait d'émules. Personne n'a imité sa lâcheté[40].

De la "triple folie" qui l'a conduit à l'exil, de l'exil au retour au pays, du retour à l'interdit de ses oeuvres et à son nouveau statut de paria, Kateb a passé toute sa vie à errer. Son outil de production littéraire, la langue française, a elle-même fini par être officiellement interdite en automne 1998. Insoumis, Kateb retrouvait l'exil pour respirer, se libérer et ne rentrait que quand la grille se desserrait. Une fois rentré, il se retrouvait condamné par un pouvoir qui le forçait à vivre en exil intérieur. Le "fascislamisme" déclarera Kateb et ses oeuvres "hérétiques", bons à brûler sur le bûcher. Certains islamistes voudront une rushdisation de Kateb Yacine. Faut-il comme Rushdie revenir sur ses écrits, et faire des excuses publiques? S'excuser n'a pas résolu le problème et ne résoudra rien.

Peut-être que la solution se trouve encore une fois chez ces femmes algériennes, à qui on ne rendra jamais assez hommage, qui ont montré plus de courage que beaucoup d'intellectuels[41]. Ces femmes qui ont été moins lâches et beaucoup plus conséquentes. Ce n'est pas un hasard que *Nedjma*, *La femme sauvage*, et la femme en général, restent au centre de l'œuvre de Kateb. Kateb, dont l'étymologie du nom signifie précisément écrivain, est mort "maghrébin errant", en 1989 en exil en France à l'âge de soixante et un an. Kateb, dont le mythe demeure toujours vivant, intellectuel insoumis, rebelle intègre, exilé solitaire, a été solidaire de tous les parias. Kateb, qui toute sa vie durant, a revendiqué l'usage de la langue française comme faisant partie du patrimoine algérien. Maltraité, pourchassé, condamné, il est mort[42] la tête haute, tout comme son ancêtre La Kahena:

> La levée du corps s'était faite sous des youyous, l'interprétation de chants patriotiques et de l'internationale, chantée en chœur en arabe dialectal et en berbère[43].

---

40. Boudjedra, *FIS* 15.
41. La première manifestation anti-gouvernemental à Alger a été organisé en automne 1980 par le "Collectif Femmes" sur les marches de la Grande-Poste, dans le sillage du Printemps berbère d'avril 80. Elles avaient osé défier l'interdit du parti FLN, de regroupement sur la voie publique, et avaient protesté publiquement contre le projet de statut personnel. Deux d'entre elles, mesdames Feriel Fates et Khalida Messaoudi furent arrêtées. Vingt ans plus tard, après l'assassinat du jeune Massinissa Guermah en avril 2001, la Kabylie se souleva une nouvelle fois, contre l'injustice et le mépris du pouvoir. Après plus de cent de morts, plusieurs milliers de bléssés, le mouvement continue encore sa lutte contre le pouvoir éfélène et les intégristes, pour la liberté et la démocratie. Cet aspect des revendications kabyles sera traité longuement dans l'ouvrage *Eloge de la maghrébinité*.
42. Selon la religion musulmane, à l'enterrement d'une personne, on récite des versets du Coran. La levée du corps est précédée de prières dites en arabe classique, quelque soit la langue maternelle du pays, en Afrique, en Asie, en Europe ou en Amérique. Cette cérémonie religieuse est très solennelle.
43. *Libération*, n 2627, Samedi 2 novembre 1989, dernière page.

Le chant du cygne, en farabe, en berbère et en français: c'était l'apothéose Yacine! Avec ce dernier pied de nez aux fascislamistes, Kateb Yacine à la différence de Salman Rushdie, ne s'est pas excusé devant les fous de Dieu.

Kateb, Rushdie, Djaout, des Rushdies par milliers en Algérie, et d'autres intellectuels originaires de pays musulmans, n'ont pas écrit en arabe classique, mais dans la langue de leur dernier colonisateur, le français et l'anglais. Pourquoi donc cette fascination de l'ouest et de sa langue demeure-t-elle? Pourquoi ce refus apparent de la langue du monde musulman? Peut-être que la réponse n'est pas aussi simple qu'on ne le laisse entendre. A l'image du monde des colonisés affranchis, elle est complexe, contradictoire, multidimensionnelle.

DEUXIEME PARTIE

CHAPITRE 4

LA QUESTION DU PUBLIC

Entre 1974 et 1986, trois nouvelles études sur la littérature maghrébine d'expression française étaient publiées, celles de Jean Déjeux[1], de Charles Bonn[2] et de Jacqueline Arnaud[3]. Dans la mesure où ces trois spécialistes ont repris les hypothèses de Memmi dans le *Portrait du colonisé*, cautionné d'une certaine manière sinon contribué à diffuser les thèses de ce que nous avons appelé le pôle dominant, il nous a paru utile de revenir à ces textes devenus avec le temps des ouvrages de référence. Nous allons comparer les points de vue de ces trois chercheurs sur l'avenir de la littérature francophone du Maghreb et nous tenterons de relever les parties où leur analyse s'avère questionnable et de souligner les éventuelles failles de leur démonstration, failles qui sont le plus souvent dues à la méconnaissance d'un contexte extrêmement complexe et contradictoire.

Comme nous l'avons expliqué dans les chapitres précédents, alors que l'idéologie nationale dominante revendiquait une Algérie uniquement arabe et musulmane et rejetait la langue héritée de la dernière colonisation, le pôle dominé revendiquait précisément le droit d'usage de cette langue française. Sans vouloir nier au départ la dimension arabo-musulmane, le pôle dominé refusait d'ignorer les autres dimensions de l'Afrique du Nord, celles qui ont existé avant et après l'arrivée de l'Islam au Maghreb au VIIIème siècle, notamment celle de la colonisation française. Revendiquée timidement ou à voix haute par certains, rejetée ou honnie par d'autres, véritable volcan en irruption permanente, la langue française a laissé des séquelles qui n'ont pas fini de soulever des émotions en Algérie[4]. C'est précisément ces "ruines" et cet héritage français

---

1. Jean Déjeux, *Littérature maghrébine de langue française* (Québec: Naaman, 1975).
2. Charles Bonn, *La littérature algérienne de langue française et ses lectures* (Quebec: Naaman, 1974).
3. Jacqueline Arnaud, *La littérature maghrébine de langue française* (Paris: Publisud, 1986).
4. Selon *Libération* du Vendredi 28 Décembre 1990, hier jeudi, plus de 500 000 personnes ont manifesté à Alger contre "la généralisation de la langue arabe" et l'interdiction officielle du français.

qui vont être l'objet de notre attention. Pour cela, nous allons étudier la question fondamentale du public dont l'équation n'a jamais été clairement posée, chez Jean Déjeux et Charles Bonn. Dans le chapitre suivant nous examinerons, dans l'étude de Jacqueline Arnaud et dans *La statue de sel*, les rapports qu'ont eus les intellectuels maghrébins avec la langue française. Rappelons au passage que ces trois variables ont été les hypothèses de la conclusion de Memmi, de Haddad, et ont été reprises par Yetiv et par les partisans du pôle dominant.

L'étude de Jean Déjeux

Cinq ans après Khatibi, Jean Déjeux publiait en 1973 *Littérature maghrébine de langue française* dans laquelle il faisait l'étude de douze écrivains maghrébins dont Albert Memmi et Kateb Yacine. Nous allons d'abord examiner avec attention la partie concernant les rapports des écrivains maghrébins avec la langue française. La position de Déjeux nous permettra de mieux clarifier la perception occidentale du pôle dominant. Le point de vue de Déjeux sur ces intellectuels et leur rapport aux langues maghrébines nous permettra de poser le problème complexe des diglossies qui existe en Afrique du Nord, problème que nous tenterons d'élucider dans le chapitre Maghreb multiglossique. On peut relever dans l'avant-propos de Déjeux le commentaire suivant:

> Une littérature nord-africaine de langue française, écrite par des Maghrébins issus de sociétés arabo-berbères ou même juives est née entre les deux guerres mondiales. [. . .] Certains auteurs peuvent s'exprimer *en arabe* et *en français*, aussi bien au Maroc, en Tunisie, qu'en Algérie (7).

Notons dans la première phrase de cette introduction, la multitude de signifiants utilisés. En effet, Déjeux parle d'une "littérature nord-africaine," de "Maghrébins," de "langue française," de "sociétés" au pluriel, "arabes," "berbères" et "juives". Or, dans la dernière phrase de ce même paragraphe, il a vite fait d'oublier cette multiplicité maghrébine en ne mentionnant que le "en arabe" qu'il oppose à "en français". A son insu, peut-être, très rapidement Déjeux réduit puis assimile le "en arabe" à l'arabe classique, écarte le berbère en cours de route, et finit par poser le problème en le ramenant à une situation binaire, de la langue "arabe" en conflit avec la langue française. Mais, c'est surtout dans l'introduction du second chapitre où son analyse se développe sous une optique qui nous semble devenir par moment très contestable. Aussi allons-nous l'examiner en détail, car Déjeux y fait non seulement une récapitulation des litanies versées sur la littérature maghrébine, mais il semble se référer à celles-ci tout au long de son étude.

Toutefois, quoi qu'on pense de la littérature de langue française, quoi qu'on en dise, fût-elle francophone, de l'Hexagone ou d'ailleurs, la littérature possède un aspect économique fondamental. Elle se concrétise en général par la production d'un livre qui reste tout de même un produit. Ce produit est une marchandise qui comme tout autre marchandise reste soumise aux lois du marché. Ces lois se traduisent dans une première étape par l'affrontement d'une série de comités de lecture, de maisons d'édition et surtout de la censure. Une fois ces examens passés, le livre devra subir la décision du public qui demeure l'ultime juge, pas nécessairement littéraire, mais surtout financier. S'il a peu de chance d'être vendu, ou si le public ne l'achète pas, l'ouvrage ne voit même pas le jour. Déjeux explique à ce sujet qu':

> On ne sait d'ailleurs pas pour quels publics précis les romanciers écrivent: pour tout le monde, pour des lycéens, pour des initiés? On parle du "peuple", mais qu'est-ce que le "peuple"? Nous n'avons pas d'enquêtes publiées sur les besoins de ces publics et sur leurs réactions, bref aucune sociologie de leurs aspirations. Or, des *problèmes de langues et de communication avec le ou les publics se posent* (70)[5].

Aussi les spéculations ne vont-elles pas manquer et d'aucuns ont cru pouvoir prédire les réactions du public. Ce dernier devait naturellement, car cela allait de soi, préférer des oeuvres "en arabe" puisque c'était sa langue maternelle. Par conséquent, le problème de la lecture dans une langue étrangère devait à long terme, logiquement ne plus se poser. C'est précisément ce problème de langue, où la langue française se retrouve régulièrement au banc des accusés, que nous devons examiner.

Déjeux précise que toute littérature a besoin pour son développement d'un minimum de "support sociologique", c'est-à-dire d'une langue, qui la produit et la maintient vivante. La littérature maghrébine d'expression française a donc besoin de la langue française pour exister d'abord et ensuite pour être diffusée. Or, la campagne d'arabisation[6] avait pour but dans un premier temps de diminuer progressivement l'aire du français et dans un second temps d'en éliminer très rapidement l'usage. Déjeux explique que cette politique d'arabisation risquait de mettre la littérature maghrébine dans une situation très précaire. A long terme, cette littérature allait disparaître et ses résidus n'auraient été vus avec le temps que comme un passe-temps bourgeois, le luxe d'une minorité en mal de l'Algérie française et non comme une dimension de la culture et de la personnalité algérienne. De plus, la grande inconnue demeurait toujours ce public entre les mains duquel résidait la décision finale. En

---
5. Souligné par nous.
6. Qui consiste à enseigner l'arabe classique.

supposant que ces questions concernant le public aient été élucidées, il n'en demeure pas moins qu'il faut communiquer avec lui dans une langue qu'il puisse comprendre sinon lire. Or, ce public est loin d'être homogène: composé en grande partie de deux groupes, d'une part, la masse, "le peuple" et de l'autre, une minorité d'intellectuels. Déjeux ne nie pas que les écrivains maghrébins sont coupés de leur "vrai" public, ce peuple qu'ils voudraient toucher, puisque l'analphabétisme sévissait et sévit toujours:

> On a dit et redit que ces écrivains étaient coupés du vrai peuple, qu'ils ne pouvaient rendre en français *la sensibilité maghrébine*, etc. S'ils avaient écrit *en arabe littéraire*, ils n'auraient pas davantage pu communiquer avec *ce peuple parlant l'arabe dialectal ou le berbère*, pour nous en tenir à l'Algérie (72)[7].

A la différence de Haddad et du pôle dominant Déjeux parle fort justement d'une sensibilité maghrébine, c'est-à-dire nord-africaine et méditerranéenne, et non d'une sensibilité arabe. Notons aussi que comme l'affirme Déjeux, le peuple parle l'arabe dialectal et le berbère, mais ni le français ni l'arabe classique. Déjeux souligne le dilemme qui hante les écrivains maghrébins, surtout en Algérie. Il semble même assez ouvert, du moins réceptif aux solutions à préconiser, vu qu'il reconnaît explicitement les langues parlées par le peuple. Le problème du public pouvait se situer non seulement au niveau de la langue, mais au niveau du style que cette littérature maghrébine pourrait adopter, elle qui se targuait de vouloir devenir "authentique".

Il cite Musette, chantre des algérianistes, ou encore Henri Kréa, écrivain algérien, produit d'un mariage mixte qui, l'un comme l'autre dans leur recherche d'authenticité nord africaine, avaient introduit:

> de nouvelles constructions et expressions françaises, juxtaposées à des expressions arabes pour se rapprocher du parler populaire quotidien et mieux exprimer ainsi, selon lui (Kréa), la réalité hybride (72).

La réalité serait donc "hybride", c'est-à-dire le produit de plusieurs croisements. On serait tenté de croire que Déjeux envisagerait une solution "multiple", à l'inverse de celle de Haddad et des adeptes du pôle dominant, qu'il pencherait plutôt du côté des algérianistes et du pôle dominé. Or, ceci n'est nullement le cas. Car, non seulement Déjeux n'est pas très réceptif à la démarche de Musette et des algérianistes, mais il semble même y être très opposé. Il souligne qu'"il ne peut être question évidemment d'écrire maintenant en sabir ou en patois français nord-africain" (72). Il semble que Déjeux rejette le farabe, qu'il traite tout comme Haddad avant lui de "sabir". A son insu, il se

---

7. Souligné par nous.

contredit et rejoint les positions du pôle dominant. C'est en ces termes qu'il s'interroge s'il faut ou non favoriser le développement d'une littérature en "sabir", c'est-à-dire d'une littérature en farabe:

> Doit-on favoriser une expression bâtarde? Passons pour son emploi au cours de certains dialogues, mais écrire des romans entiers ainsi? Encore une fois, quel public veut-on atteindre? Veut-on se faire comprendre ou veut-on simplement, par réflexe de contre-acculturation, "casser" la langue française et vouloir rendre de cette façon un quant-à-soi maghrébin spécifique (73)?

Mais, pourquoi pas aurait pu répondre Kateb? On pourrait imaginer une littérature en farabe ou en berbère, d'autant plus qu'elle existe déjà. -Quel public veut-on atteindre et veut-on que ce public comprenne, interroge Déjeux? -Mais le "peuple", ce grand analphabète qui ne parle que ses langues maternelles. Si l'on veut réellement le toucher, il faudrait s'adresser à lui dans la langue qu'il comprend. N'est-ce pas là la tâche de l'intellectuel "engagé"[8]? Rappelons qu'auparavant, Déjeux avait affirmé que le peuple parlait l'arabe dialectal et le berbère et n'a pas nié le problème de l'analphabétisme omniprésent en Afrique du Nord. Or, si la majorité du peuple est analphabète, si le peuple parle l'arabe dialectal ou le berbère, il n'a pu apprendre l'une ou l'autre langue qu'à la maison ou dans la rue puisqu'il ne sait ni lire ni écrire. C'est donc que ces deux langues sont, malgré la politique d'arabisation qui tente d'affirmer le contraire en ignorant, les langues maternelles du peuple. En réalité, nous sommes en présence d'une situation de dialogue de sourds: d'une part le peuple parle deux langues maternelles, de l'autre les intellectuels écrivent dans une langue étrangère et sont priés par le pouvoir de se convertir à une nouvelle langue arabe. Or, elle n'est pas la langue maternelle, même pas des "arabes"[9] algériens.

Déjeux semble se rendre compte de la gravité de ce problème de communication. Pourtant, il va vite s'appliquer à faire "le saut" et confondre la langue maternelle et la langue officielle, assimilant le farabe à l'arabe classique. Ce saut, conscient ou inconscient[10], le pousse sans doute à "oublier" le berbère en cours d'analyse et à affirmer dans la conclusion de ce même ouvrage sur la littérature maghrébine de langue française, une surprenante aberration: "la langue arabe est la langue maternelle de la nation et la langue de la culture islamique"(122). Si Déjeux a soulevé une série de questions très pertinentes sur le public maghrébin, il s'est contredit dans les solutions qu'il a tentées

---

8. C'était précisément la démarche de Kateb qui, bien que bousculant par moment la langue française, écrivait toujours en français puis traduisait en langues populaires.
9. Nul n'est "arabe" au sens où l'entend le pouvoir.
10. Déjeux pratique-t-il l'autocensure lui aussi? Nous tenterons d'expliquer dans le chapitre prochain pourquoi maints experts, intellectuels de tous bords, ont fait ce saut .

d'ébaucher. Aux questions soulevées par Déjeux, et laissées en suspens sinon vite oubliées, Charles Bonn tentera de donner des réponses, que nous allons à présent examiner.

L'étude de Charles Bonn

> Cette littérature devra-t-elle toujours chercher son public? Etre condamnée à l'isolement où être réservée à un public restreint, une sorte de caste? De toute façon, il ne peut être question d'élaborer une rétrospective à long terme. Aucune enquête large et vraiment représentative (et publiée), encore une fois ne nous renseigne sur ce que le public pense du bilinguisme, de l'arabisation, de la langue française et plus précisément de cette littérature (71).

En 1974, Charles Bonn a tenté de répondre au problème complexe du public et de la langue de ce dernier. Mais, comme nous allons le montrer, ses hypothèses de départ ont été incomplètes. Notre entreprise se chargera de relever les contradictions et les éventuelles failles de son étude.

L'étude de Bonn est divisée en trois grandes parties, la première sur les "structures profondes de l'imagination créatrice" et la seconde, "la littérature du discours social". C'est la troisième partie de son ouvrage, notamment les deux premiers chapitres qui seront l'objet de notre attention, partie où son analyse devient problématique. Jean Déjeux avait très justement observé que la littérature maghrébine de langue française, surtout le roman algérien, était le fruit d'une prise de conscience individuelle. Les premiers écrivains qui s'étaient mis à écrire pour dire quelque chose dans les années cinquante venaient de classes sociales, de religions[11] et de groupes ethniques différents. Charles Bonn souligne que cette littérature est "contemporaine d'un éveil à l'histoire" (97) et qu'elle est le produit d'intellectuels individualistes. Par la force des choses, comme mis au pied du mur par les événements dans lesquels ils n'étaient que de simples témoins, ces intellectuels écrivains se sont retrouvés "forcés" d'écrire, puisque leur peuple analphabète ne pouvait le faire. Ils se retrouvaient placés dans une situation difficile, entre les exigences d'un réel qu'ils devaient en tant qu'écrivains engagés "mettre en forme, ou faire surgir de l'imaginaire" (97). Selon Bonn, très souvent l'écrivain a voulu tenter l'impossible, en essayant de réaliser ces deux exigences simultanément. Or, l'artiste, l'écrivain, où qu'il soit, a besoin d'un minimum de liberté d'expression pour pouvoir s'épanouir. Que ce fut pendant la période d'insurrection ou après la période de colonisation,

---

11. Tous n'étaient pas arabes et musulmans. Memmi était juif de mère berbère, Mammeri, Feraoun et étaient des Kabyles laïcs, Jean Amrouche, Marguerite Taos Amrouche et Malek Ouary, étaient des Kabyles chrétiens et Kateb Yacine était athée.

l'idéologie révolutionnaire a été et est devenue de plus en plus exigeante, limitant le champ de liberté d'expression de l'intellectuel. Si pendant la guerre d'Algérie elle voulait de l'intellectuel qu'il condamnât le colonialisme, après l'indépendance elle lui demandait de contribuer à l'entreprise de récupération d'une "authentique" culture nationale. Mais, une fois de plus, qu'est-ce que c'est que l'authenticité, la culture, sur quelles bases les définir et qui va les définir?

Au début de la période post-coloniale le pays est incessamment en train de "se" définir, de chercher une voie différente de celle de son ancien colonisateur, une voie originale, "sa" voie, son socialisme algérien comme on disait alors. L'idéologie dominante va se transformer en ce que Charles Bonn appelle le "discours social" et va se traduire dans la vie quotidienne par une récupération, une "intégration"[12], bref une nouvelle colonisation des médias, non seulement des journaux mais aussi et surtout des maisons d'éditions, que le pouvoir baathiste voudrait mettre au pas et entendre chanter à son propre diapason. Bonn souligne que:

> Non seulement la presse, mais toutes les organisations de masses, tous les syndicats, tous les mouvements de jeunes seront ses courroies de transmission. *Etre engagé signifiera penser selon la norme et la diffuser*. Et pour cela, les différentes organisations seront normalisées. Les programmes scolaires, à tous les niveaux, seront le reflet de ces normes, de ces définitions, conscientes ou non, de la culture nationale, de l'homme algérien (98)[13].

On est très loin de la définition de l'engagement prêchée par Sartre, et on ne peut qu'être d'accord sur tous les points soulevés par Charles Bonn. Certains arabistes excelleront dans ce genre d'exercice. Mais, dans de pareilles conditions, que vont devenir la littérature et les écrivains dominés?

Bonn tente de répondre à ces interrogations par l'établissement d'une dichotomie à l'intérieur des littératures algériennes dans lesquelles il distingue deux genres. La seconde forme de littérature, surtout francophone, est le produit d'intellectuels marginaux, en dehors du parti unique, comme Kateb ou Boudjedra, dont beaucoup d'ouvrages sont tolérés ou tout simplement interdits en Algérie[14]. Refusée par la SNED[15], cette littérature d'écrivains "dominés" se voit dans l'obligation de s'adresser à nouveau, à des éditeurs en France pour voir le jour. L'autre, la première, celle du pôle dominant, ou littérature "académisée", est pour reprendre l'expression de Charles Bonn "une littérature

---

12. L'intégration, "vilain" concept utilisé par les colonisateurs, se trouve subitement recyclé et même réhabilité par le pouvoir dominant.
13. C'est à dire chanter l'arabo-islamisme. Souligné par nous.
14. Respectivement *La guerre de 2000 ans* et *La répudiation* par exemple.
15. Jusqu'en 1989, elle a été l'unique Société Nationale d'Edition et de Diffusion des livres en Algérie.

du discours officiel" (98). Cette "première" littérature citée, souvent de qualité médiocre[16] veut récupérer la seconde littérature, l'autre, car plus brillante[17], fruit d'auteurs qui, bien qu'engagés, travaillent en dehors de la norme, qui sont reconnus internationalement, d'auteurs qui produisaient déjà pendant la période coloniale, c'est-à-dire bien avant l'avènement de cette nouvelle idéologie normalisante. Car, comme le souligne si bien Bonn, "toute idéologie a besoin de la caution "culturelle" que lui apporte l'œuvre littéraire" (99). Pris entre le marteau du discours social dominant "avec ses mots d'ordre normalisateurs où la rengaine habituelle, "socialisme, industrialisation, authenticité arabo-islamique forment toujours une trinité sans ombres (105)" et l'enclume d'un quotidien dont elles voudraient non seulement décrire les problèmes, peindre les réalités, mais aussi et surtout dénoncer les abus, combattre la corruption, la littérature se voit pressée de chanter le premier et d'ignorer le second. Une manière efficace de la mettre au pas va être de justement prétendre la rendre "authentique", c'est-à-dire de la faire adhérer à une norme préétablie en lui amputant sa dimension subversive. Quoi de plus efficace que de la neutraliser en supprimant son moyen de contestation, son outil fondamental de production, d'édition et de diffusion de cette contestation, la langue française. Si l'analyse de Bonn a été très judicieuse jusqu'à présent, il ne l'a pas poussée jusqu'au bout et a fait preuve par moment d'inconséquence. Car, cette dichotomie à l'intérieur de la littérature nationale est indéniable dans les pays du tiers-monde. Aussi, Bonn a-t-il très justement remarqué l'existence de cette littérature officielle, dominante, qu'il a baptisée de "discours social". A propos de la littérature dominée, ou même bannie, il a expliqué à ce sujet que:

> La littérature de langue française, malgré l'idéal progressiste des écrivains, ne pourra jamais être une littérature populaire, au sens le plus large du mot, même si elle ne repense pas fondamentalement ses contenus, ses formes, et ses modes de diffusion. Et pour cela, *il lui faut d'abord savoir à qui elle s'adresse*, et comment, quelle est l'attitude de *ses lecteurs potentiels* (157)[18].

Ce qui revient à étudier la diversité et les goûts de ce public. Comme nous l'avons montré dans les chapitres précédents, la première littérature du dis-

---

16. Voir le chapitre "les élites algériennes" dans l'ouvrage de Saïd Sadi, *Algérie l'échec recommencé* (Alger: Parenthèses, 1990). Nous reviendrons sur cet aspect de la littérature des antellectuels dans la conclusion de notre travail.
17. Ceci n'est pas un critère de jugement, mais jusqu'à présent, il n'y a eu ni de Mouloud Mammeri, ni d'Assia Djebar, ni de Rachid Mimouni et encore moins de Kateb Yacine, comme produit de cette littérature du discours officiel. Cela fait pourtant plus de quarante ans que l'Algérie est indépendante, et on ne voit pas où sont ces écrivains "arabe-classiquophones" du pouvoir. Le cas de Tahar Ouattar serait intéressant à examiner.
18. Souligné par nous.

cours officiel est dans la majorité produite et diffusée par le pôle dominant, en général "arabe-classiquophone" dans son expression, alors que la seconde est le produit d'intellectuels francophones dominés.

Les contradictions de Charles Bonn

C'est dans la troisième partie de son ouvrage que Charles Bonn décide de s'attaquer au délicat problème du public. Après avoir rappelé qu'il n'y a pas vraiment eu d'études faites ou publiées[19], il semble reprendre l'hypothèse de Memmi qui affirmait que la littérature maghrébine d'expression française se tarirait vu que le catalyseur qui existait dans son contexte original, en l'occurrence le colonialisme[20], avait disparu. Bonn explique que pour beaucoup de lecteurs algériens, la littérature était associée à un "discours commémoratif". Ce discours n'était perçu "engagé" que dans la mesure où il était lié à la résistance et à la lutte contre le colonialisme, sans que le public ne l'associe à ses problèmes quotidiens. Pourtant, plus de dix ans après l'indépendance la réalité était différente, les abus et les maux de la société ne manquant pas. S'il est vrai qu'il existait une multitude de jeunes écrivains engagés non "normalisés", ils demeuraient inconnus du public. De plus, les écrivains comme Kateb, Mammeri ou Boudjedra étaient toujours aussi engagés sinon plus rebelles qu'avant l'indépendance. Leur littérature dominée ne voulait pas se laisser dompter par un discours officiel. Aussi ce discours officiel s'était-il arrogé tous les droits d'authenticité, une notion trop rapidement et vaguement définie. Pour Bonn, il faudrait faire la part des choses et séparer entre ce qu'il appelle les "clercs" qui savent écrire, ceux qui participent ou cautionne le discours officiel, et la masse d'analphabètes qui ne peut avoir accès ni au discours littéraire ni même au discours officiel.

Bonn fait remarquer judicieusement que le peuple dans sa grande majorité ignore ces deux discours: d'une part, il ne peut lire le discours littéraire, de l'autre il ne saisit que des bribes déformées du "discours officiel". Mais, pourquoi est-ce ainsi? Le discours officiel "arabophone" n'est-il pas destiné en priorité au peuple, aux masses populaires? -Théoriquement, aussi longtemps que le peuple demeure ignorant, il ne sera que plus facile à endormir et à maintenir à l'écart. Bonn observe que les deux discours ne sont destinés en fin de compte

---

19. Il y en a probablement eu mais elles ont été étouffées. De plus la SNED ne publie que ce qui se conforme à la norme, c'est-à-dire pense "normalement". Des éditeurs privés comme Laphomic, Bouchène ou Parenthèses à Alger ont commencé à publier après les événements d'octobre 1988. A cause de la guerre civile, la plupart ont dû quitter l'Algérie.
20. Car si le colonialisme est associé au règne de l'injustice, de l'arbitraire et de la corruption, la période post-coloniale, notamment les années quatre vingt, ont vu le règne de ces fléaux sous l'ère du parti FLN de Chadli.

qu'aux "clercs"[21] et non à la masse d'illettrés. D'où la grande difficulté d'étudier cette inconnue qu'est le public.

Aussi rebutant que pourrait être ce travail, à moins que la littérature ne fasse l'effort de se rapprocher de ce "public", d'étudier sa composition, ses goûts, ses attitudes, à moins qu'elle ne se rapproche du peuple, elle échouera dans son entreprise de vouloir devenir une littérature qui traite des problèmes et des préoccupations du peuple. L'étude du texte littéraire étant insuffisante pour fournir des réponses à cette question du public, Bonn décide de faire appel à la statistique, et conçoit un questionnaire, composé de cinq parties. Comme Bonn s'est servi des réponses fournies par les lecteurs, nous allons examiner en détails les questions qu'il a posées.

La première partie, "identification" demande au lecteur son âge, son sexe, sa profession, son niveau d'étude, et s'il habite la ville ou la campagne. C'est dans la seconde partie intitulée "Pratique et valorisation du bilinguisme (ou trilinguisme) et de l'écrit" que nous pouvons remarquer plusieurs failles. C'est ainsi que Bonn pose la question sept:

> Quelle langue parlez-vous le plus facilement: l'arabe, le Kabyle ou le chaouia, le français? Quelle langue écrivez-vous le plus facilement (230)?

D'abord Bonn considère trois langues parlées, "l'arabe", le kabyle ou le chaouia (dialectes berbères), et le français. Ceci est déjà une erreur vu que "l'arabe" classique n'est pas la langue parlée dans le quotidien. Ensuite, en demandant quelle langue vous écrivez, Bonn suppose que "l'arabe" qui est parlé, c'est-à-dire le farabe, s'écrit. Enfin, Bonn fait une troisième erreur, en supposant peut-être que l'arabe parlé et le berbère sont couramment écrits, tout comme le français. Or, s'il sait que le berbère s'écrit rarement, dans la mesure où il est alors interdit de cité en Algérie, rarement écrit sinon par quelques rares intellectuels dits "berbéristes," comment peut-il ignorer que "l'arabe dialectal parlé[22]" ne s'écrit pas. La huitième question est formulée ainsi:

> "Quelle langue vos parents utilisent-ils pour parler entre eux: l'arabe, le kabyle ou le chaouia, le français" (230)?

Le premier problème est que Bonn suppose que les parents parlent avec leurs enfants "l'arabe", le berbère, ou le français. Encore une fois, de quel langue "arabe" s'agit-il? Affirmer ou même supposer que les parents parlent avec leurs enfants, en Algérie, en arabe classique reviendrait à dire par analogie que

---

21. C'est-à-dire les intellectuels dominés et les antellectuels du discours officiel.
22. On pourrait le faire, mais les gouvernements ont toujours méprisé ce dialecte bâtard.

La question du public 73

les Français ou les Italiens parlent avec leurs enfants en latin. La neuvième question est formulée ainsi:

> Lorsque vous êtes loin et que vos parents veulent vous écrire, comment font-ils: -Ils écrivent eux-mêmes la lettre / Ils font écrire la lettre par votre frère et sœur / Ils la font écrire par un autre membre de la famille, ou par un voisin, ou par un ami / Ils la font écrire par quelqu'un qu'ils paient pour ce travail (écrivain public . . .) (230).

Bonn ne précise pas dans quelle langue écrite la lettre a été rédigée. S'il était alors formellement interdit d'écrire le berbère, si la pratique écrite du farabe est inexistante et même dangereuse[23], alors il ne reste plus qu'une alternative, traduire dans une langue étrangère. Que ce soit du farabe ou du berbère, au français ou à l'arabe classique, la traduction demeure. Comme l'a si bien dit Khatibi, "la langue maternelle est à l'oeuvre dans une langue étrangère"[24]. La dixième question est formulée ainsi:

> Quand vous êtes seul avec lui, vous arrive-t-il de parler le français avec votre père, jamais / toujours / parfois? Quand vous êtes seul avec elle, vous arrive-t-il de parler français avec votre mère, jamais / toujours / parfois (230)?

Y a-t-il des Algériens qui parlent français avec leur mère ou leur père? Il y en a beaucoup qui le font parfois avec leurs parents, et peu qui le parlent toujours puisque beaucoup de parents sont analphabètes. Mais, si Bonn avait posé la question de savoir parlez-vous "arabe" en spécifiant "arabe classique" quand vous êtes avec votre père ou votre mère, Bonn aurait été très surpris de la réponse qu'il aurait reçu: "je ne parle JAMAIS arabe classique avec ma mère"! Comme il y a un grand nombre d'Algériens dont la mère est française ou parle français, surtout parmi les Beurs et les Kabyles, comme il y a très peu de parents qui parlent l'arabe classique[25] eux-mêmes, le nombre de réponse affirmative aurait été dérisoire, et aussi paradoxal que cela puisse paraître, il aurait été infiniment plus petit que celui des parents qui parlent français. Regardons de près la question trente cinq:

> A salaire égal, auquel des quatre personnages principaux suivants préféreriez-vous ressembler? (1 seule réponse):
> -à celui qui a beaucoup de livres chez lui

---

23. Pour le pôle dominant, le farabe est à éliminer au même titre que le berbère et le français.
24. Khatibi, *Maghreb* 179. Il faudrait peut-être préciser que la langue maternelle a toujours été, qu'elle est encore et qu'elle le sera probablement pendant des siècles, à l'œuvre dans une langue étrangère.
25. Où l'auraient-ils appris?

-à celui qui sait par cœur le Coran

-à celui qui sait *parfaitement l'arabe classique* [. . .](230)[26].

Alors que Bonn a évité tout au long du questionnaire, d'être si pointilleux, dans cette question, subitement, il précise que c'est de l'"arabe classique" et non de "l'arabe parlé" qu'il s'agit. De plus, il mentionne de le savoir "parfaitement". On pourrait se demander pourquoi cette soudaine précision, ou plutôt ce manque de conséquence[27]. Enfin, il termine son questionnaire avec les questions suivantes:

> Pensez-vous qu'à l'heure actuelle un écrivain algérien doive *écrire* en arabe—en français? [. . .] Pensez-vous qu'on puisse *parler* des mêmes sujets en arabe qu'en français (233)[28]?

Ecrire en farabe ou en classique? Parler le farabe ou bien l'arabe classique? Ceci rappelle étrangement la combinaison "sentir-écrire" de Malek Haddad dont nous avons étudié les combinaisons au chapitre sur "Le pôle dominant". Bonn, encore une fois assimile les langues parlées aux langues écrites, égare le berbère en cours de route, ne mentionne l'arabe parlé que pour vite l'oublier. Aussi, il est intéressant de voir les résultats que Bonn a trouvés sur son échantillon de 203 questionnaires qui ont été remplis sur 400 envoyés (159). En ce qui concerne les langues parlées, farabe, kabyle, et français, 51% parlent une langue, 41,3% sont bilingues et 7,3% sont trilingues. Pour les langues écrites, arabe classique, français, Bonn souligne que:

> le français y est nettement en tête; 65,5% de l'échantillon lorsqu'il est la seule langue écrite, 91,6% si l'on y ajoute les 53% de personnes écrivant les deux langues. Il devient donc par excellence la langue de l'écrit pour la majorité des personnes interrogées (13 personnes seulement dans notre échantillon déclarent écrire de préférence en arabe) (163).

Si seulement 13 personnes sur 203 préfèrent écrire "en arabe", c'est aussi et surtout parce que le farabe ne s'écrit pas. Bonn conclut, fort justement d'ailleurs, que le français est la langue de l'écrit. Il ajoute que:

> La langue est plus qu'un outil de communication; elle est hautement valorisée, ressentie à tous les niveaux comme portant en elle tout un univers de valeur:

---

26. Souligné par nous.
27. Nous ne pensons pas que Bonn ait voulu cautionner les thèses du pôle dominant. Mais, il fait "le saut", la même assimilation, entretient à son insu peut-être la même confusion que le discours officiel.
28. Souligné par nous.

celle de la tradition, de l'authenticité et de la religion pour l'arabe, celles de la modernité, de l'aliénation mais aussi de la liberté individuelle, de la laïcité enfin pour le français (168).

Combat d'une "authenticité arabo-islamique" et de la tradition contre la laïcité, la modernité et la liberté, le tout dans un milieu qui devient de plus en plus aliéné, voire déchiré entre ses maintes composantes.

Même si Charles Bonn a manqué parfois de rigueur notamment dans son questionnaire, très contestable par moment, les résultats obtenus ne peuvent être utilisés que prudemment, dans une analyse qui se veut scientifique. En faisant sa lecture, nous proposons d'ajouter à la langue "arabe" de son questionnaire le terme "classique" et ceci chaque fois qu'il parle de langue écrite et de remplacer le terme "arabe" par farabe, chaque fois qu'il parle de langue parlée. C'est-à-dire de concevoir un questionnaire avec quatre paramètres, plus proche de la réalité que des discours officiels.

Toutefois, il faudrait apprécier à sa juste valeur l'effort que Bonn a fait de s'attaquer courageusement à la difficile question d'un public complexe, souvent peu lettré lorsqu'il n'est pas tout simplement analphabète. Si Charles Bonn n'a pas complètement réussi dans sa tentative, il aura tout de même eu le mérite d'avoir posé le problème du public et ses multiples relations avec la langue française à un moment où il était difficile de le faire en Algérie[29]. Le saut simplificateur, fait malgré soi, qui assimile le farabe à l'arabe classique, savamment entretenu par le pouvoir, faussait souvent les résultats d'études objectives et sérieuses. Jacqueline Arnaud tentera précisément de répondre à certaines interrogations sur le public. Dans le chapitre prochain, nous allons examiner l'étude d'Arnaud et revenir au texte original de Memmi, *La statue de sel*.

---

29. Dans les années soixante-dix, années staliniennes de Boumédiene, les mots kabyles et berbères étaient tabous, bannis des journaux algériens.

CHAPITRE 5

LA QUESTION DE LA LANGUE

Charles Bonn est arrivé à la conclusion que la langue française était la langue de "l'aliénation" alors que la langue arabe se cantonnait dans une revendication "arabo-islamique". Si certains de ses résultats ont été très contestables, la faille de son étude a résidé dans le fait qu'il a considéré non pas quatre mais trois "langues" sur le terrain. S'il les a distinguées par moments, il a vite fait le "saut simplificateur" assimilant l'arabe et classique. Ceci a conduit Bonn à épouser, à son insu, les thèses de l'unicité arabe détentrice de "l'authenticité" et en conflit permanent avec la langue française qui demeure encore celle de "l'accès à la laïcité et à la modernité" (168). Après Charles Bonn, Jacqueline Arnaud allait examiner les rapports qu'entretiennent les écrivains maghrébins avec la langue de "l'aliénation" et avec leur langue maternelle.

L'étude de Jacqueline Arnaud

En 1986, Jacqueline Arnaud publiait une longue étude sur la littérature francophone du Maghreb[1]. Dans le troisième chapitre du premier volume de son étude, elle soulevait une série de questions sur les écrivains maghrébins et la langue française. Puisque la langue maternelle avait été "humiliée", Arnaud s'interrogeait sur les rapports que ces orphelins avaient maintenus avec la "marâtre" adoptive. Quels sentiments avaient-ils éprouvé envers cette "nourrice"? A-t-elle représenté la bonne servante dévouée et bienveillante ou bien n'a-t-elle été qu'une belle-mère cruelle et dominante? Arnaud a étudié le cas de plusieurs écrivains maghrébins, notamment, Jean Amrouche, Assia Djebar, et Mourad Bourboune. Nous allons dans un premier temps examiner en détail

---

1. Jacqueline Arnaud, *La littérature maghrébine de langue française* (Paris: Publisud, 1986) et *Le cas de Kateb Yacine* (Paris: Publisud, 1986).

les résultats d'Arnaud et en souligner la justesse. Dans une seconde étape, nous relèverons les faiblesses de ses hypothèses, notamment pourquoi elle s'est attachée à une argumentation discutable.

Arnaud relie les premiers contacts avec cette marâtre à la décennie qui a suivi la fin de la seconde guerre mondiale[2]. Du fait que les intellectuels maghrébins ne pouvaient écrire et s'exprimer qu'en français, car, dans l'écrasante majorité, il leur était impossible de le faire dans leurs langues maternelles respectives, les premiers contacts avec la langue française ont souvent été dramatiques, parfois traumatisants[3]. Elle souligne que cette incapacité d'utiliser la langue maternelle ne les a pas empêchés au départ de revendiquer et de défendre "l'arabe"[4] ou le berbère. Adaptée, remaniée, déformée même, la langue française va devenir pour ces orphelins, une arme à maîtriser et dont ils vont se servir pour leur libération. Néanmoins, ils demeuraient "impuissants" quant à l'usage de leur langue maternelle:

> "Y avait-il de quoi en faire un drame, du moment qu'ils étaient passés maîtres dans le maniement d'un autre instrument d'expression"(79)?

Arnaud fait appel à Haddad, Memmi et Fanon qui voyaient respectivement dans le colonialisme, un déséquilibre "psycho-affectif", une "pathologie" de l'histoire. Elle fait référence au *Portrait du colonisé* de Memmi pour justifier sa position sur le bilinguisme et explique qu'il ne faut pas assimiler le bilinguisme colonial à n'importe quelle situation diglossique en occident. On peut certes parler "patois", corse, ou breton, et en même temps français, sans pour cela avoir à subir les brimades et les injustices du système colonial. Seulement, posséder deux ou plusieurs langues ne se limite pas à la capacité de pouvoir se servir de plusieurs outils de travail, la langue étant une fenêtre ouverte sur des univers culturels différents. Or, dans ces deux univers, le monde du colonisé avec sa langue maternelle, son système de valeurs, ses mœurs, ses traditions est précisément en conflit avec celui du colonisateur, "sa" langue française, et la modernité qu'elle véhicule. Le drame vient peut-être du fait que la langue maternelle, celle dans laquelle on rêve dans l'enfance, on chante ses passions, on dit sa tendresse, est maintenue dans l'humiliation[5]. Si le colonisé veut obtenir un travail, apprendre un métier, faire une demande, lui l'éternel esclave, doit le faire dans la langue du maître. Il vit dans un perpétuel va et vient entre ces deux mondes aux manières de penser et aux systèmes de valeurs conflictuels.

---

2. Et qui correspond à la période entre 1945 et 1954, c'est-à-dire après les massacres de 1945 à Sétif et le début de la guerre d'Algérie.
3. Voir le chapitre "l'école du colonisé" dans *Le portrait du colonisé* de Memmi.
4. Arnaud ne précise pas lequel.
5. Et elle l'est encore aujourd'hui, puisque ni le farabe ni le berbère ne sont reconnus.

Arnaud semble partager l'observation de Memmi qui dit que cette "situation" d'une langue maternelle toujours exclue, ne fait en réalité que décrire la situation du colonisé. Elle constate qu'il y a un malaise permanent, malaise qui vient du fait que l'intellectuel, l'écrivain, est partout en porte-à-faux. Dans son étude, elle fait une rétrospective des expériences et des attitudes des écrivains maghrébins vis-à-vis de la langue française. Elle cite le cas de Jean Amrouche[6], qui malgré qu'il était chrétien et citoyen français, se retrouvait à l'écart, mis au banc des ingrats, violemment rappelé à l'ordre dès qu'il utilisait la langue française pour dénoncer les abus des colonisateurs. Effectivement, Amrouche[7] affirme que les occidentaux s'attendaient à ce que lui, d'origine indigène, chante le colonisateur, à ce qu'il en fasse continuellement "la louange" puisque ce dernier lui avait fait la faveur de lui permettre d'apprendre la langue française. Si l'occident lui a "prêté" cette langue, s'il est indéniable qu'elle lui a permis d'acquérir une instruction, ce n'était pas dans le but de la retourner contre "la patrie", car un enfant ne doit pas battre "sa mère". On serait tenté de penser que le reproche porte essentiellement sur la contestation, le message contenu et exprimé en français et non pas sur l'outil de travail, le moyen de communication lui-même. Or, ceci n'était pas le cas, car on retrouvait ce malaise chez d'autres écrivains. Arnaud souligne que si l'on voulait comprendre cette "rupture d'identité", il faudrait faire appel à la psychanalyse[8].

Après Amrouche, elle mentionne Malek Haddad dont elle cite la célèbre déclaration où il se plaint de n'écrire que "le français" et non "en français". Toutefois, elle ne tombe pas complètement dans le piège du discours dominant dont Haddad se faisait le chantre: "nous nous demanderons plus loin s'il (Haddad) est allé au fond des choses" (83). Arnaud explique que du fait que la langue maternelle est exclue de l'école, les petits enfants victimes de ce bilinguisme colonial sont condamnés à parler un "sabir", une langue qui manque de précision, une langue bâtarde. Ils auront deux choix: parler dans une langue maternelle infirme ou partiellement dans une langue "marâtre" étrangère. Aussi leur sera-t-il difficile de "s'intégrer"! Mais qu'en est-il des écrivains qui ont appris cette langue française, parfois mieux que leur ancien maître d'école, et dont beaucoup vont jusqu'à retourner cette arme contre lui. C'est ainsi que

---

6. Professeur de philosophie de Memmi, que nous retrouvons dans *La statue de sel* sous le personnage de Marrou.
7. Jean Amrouche fut appelé "le roumi", c'est-à-dire "le français", ou encore le "m'tourni", le renégat, l'assimilé, celui qui a trahi ses origines arabo-islamiques. Or, Amrouche était berbère et revendiquait "l'âme de Jugurtha" ce qui n'est pas un signe d'assimilation mais de retour aux sources réelles et non faussement authentiques. Kateb Yacine, naturellement, a été un des rares Algériens à avoir pris publiquement la défense de la mère de Jean, Fadhma Amrouche dans la préface d' *Histoire de ma vie*.
8. Là où l'occident n'a vu que de l'exotisme, de l'émotion, Fanon a expliqué le style imagé des colonisés, par un besoin d'exorcisme, de lacération, de se saigner afin de se libérer.

Memmi décrit dans son roman *La statue de sel* un de ses professeurs de philosophie en classe de première à Tunis:

> Il vivait au lycée, orgueilleux et ambitieux, dans une complète solitude. C'était pour ses collègues, un impardonnable scandale spirituel de voir ce métèque mieux manier le français que les ayants droit (241).

N'était-ce pas là le véritable crime d'Amrouche? Celui d'un indigène, "un métèque"[9] comme dit Memmi, qui a su un peu trop bien apprendre du colonisateur, prendre "sa" langue, adopter et adapter sa culture sans renier la sienne[10], au point de le battre dans son propre jeu et à domicile. Arnaud explique que de Kateb à Mammeri en passant par Dib, les intellectuels maghrébins ont, en général, su adopter et s'adapter, que cet obstacle de la langue a été surmonté sans trop de problèmes. Elle va même jusqu'à comprendre "l'ébranlement" de Haddad, un des rares intellectuels à se plaindre et

> "à tourner en rond [lorsqu'on] sait que ce partisan de la langue arabe est en fait un kabyle né à Constantine, et qui a oublié la langue parlée dans sa famille"(87)[11].

Les intellectuels maghrébins poursuit-elle, ont dans l'écrasante majorité réussi dans cette entreprise où la langue maternelle est un travailleur "immigré" dans la langue étrangère. Ceci n'est pas une situation nouvelle née de la colonisation française mais un état permanent qui a existé depuis des millénaires[12]. Arnaud termine cette partie sur "le drame du langage" en mentionnant les cas de Kateb, de Mammeri et de Dib, qui ne voyaient aucun problème à l'usage de la langue française. Bien au contraire, le multi-linguisme, le bilinguisme surtout, était à leurs yeux une richesse, un tremplin vers l'universel et non un handicap.

Si la première partie de l'étude d'Arnaud a été dans son ensemble correcte, dans la seconde partie de ce chapitre intitulée "plaidoyer en faveur de la langue maternelle" son étude devient contestable, surtout lorsqu'elle analyse les propos d'Assia Djebar:

> L'usage d'une langue de culture, donnant accès à un public d'ouverture internationale- et il est certain que c'est à ce public-là et au public français que

---

9. Le *Larousse* en donne la définition suivante: Etranger domicilié à Athènes et jouissant d'un statut particulier; péjoratif, étranger établi dans un pays dont le comportement est jugé défavorablement.
10. Amrouche n'a jamais renié sa Kabylie, ni le fait qu'il était berbère. Il faudrait préciser que c'est l'arabo-islamisme qui a toujours nié l'existence de la dimension berbère.
11. Souligné par nous. Le constat d'Arnaud est juste, mais sans vouloir prendre la défense de Haddad, on pourrait demander à Arnaud d'être conséquente avec elle-même et d'appliquer cette rectification aux "Arabes algériens" monolingues et au farabe, qu'ils assimilent à l'arabe oriental.
12. Nous le montrerons dans le chapitre Nouvelles hypothèses.

s'adressait d'abord la revendication des écrivains maghrébins jusqu'à la fin de la guerre d'Algérie- n'empêche pas le plaidoyer en faveur de la langue maternelle (89).

Selon Arnaud, la "langue de culture", dans notre cas, la langue française, ne devrait pas faire oublier aux écrivains leur langue maternelle. -Justement, devons-nous répondre, prenons-là au mot et revendiquons donc cette langue maternelle multiple. Mais, aussi paradoxal que cela puisse paraître, dès la ligne suivante, Arnaud devient inconséquente. C'est en ces termes qu'elle parle d'un des personnages principaux de *Leila, jeune fille d'Algérie:*

> "le plaidoyer en faveur de l'arabe se trouve dès le premier roman de Djamila Debêche" (89).

Si l'héroïne passe dans deux cultures, ce n'est pas, comme l'explique Arnaud, de la culture arabe du Moyen-Orient, la civilisation du riz, à la culture française (occidentale), mais de la culture algérienne, celle du couscous[13] à la culture française. Parlant d'Assia Djebar, l'écrivain qui voudrait améliorer ses connaissances en langues étrangères, Arnaud précise qu':

> elle cherche à approfondir ses connaissances d'*arabe littéraire*, de façon à être capable de l'utiliser, *saute d'une langue à l'autre*, écrit des poèmes dans les deux langues. Dès *La Soif*, roman pourtant aussi peu incarné en Algérie que possible, Assia Djebar *revendique* l'arabe: Nadia, la métisse, se sent exilée lorsque son amie admirée et enviée, Jedla, *parle l'arabe avec son mari* [. . .] (91)[14].

Au départ Arnaud spécifie "arabe littéraire". Elle précise qu'Assia Djebar fait des traductions entre le français et l'arabe littéraire et non l'arabe tout court. Il faudrait noter le sublime "saute d'une langue à l'autre," car dès la phrase suivante, la mention de "littéraire" est égarée. De plus, Nadia se sent exilée lorsqu'elle parle l'arabe avec son ami. On est en droit de se demander quel "arabe" est parlé, le farabe ou bien le classique? Arnaud ne soulève pas la question de savoir pourquoi Assia Djebar ne précise pas quel "arabe" elle revendique, le littéraire (classique) ou bien "l'arabe parlé" par le personnage de Jedla avec son mari? Autant de détails non précisés, qui entretiennent la confusion. Arnaud explique toutefois qu'à la différence d'un écrivain comme Kateb Yacine, Assia Djebar avait, à son insu, cautionné les thèses du pôle dominant en soutenant la politique d'arabisation.

Reprenons la citation intégrale du texte d'Arnaud et analysons de près cette déclaration. Elle fait référence à Assia Djebar qui dit:

---

13. Le couscous n'existe ni en Arabie-Saoudite, ni au Koweit ni nulle part dans le Moyen-Orient. C'est le plat nord-africain, sud-méditerranéen par excellence.
14. Souligné par nous.

La question de la langue   81

> Notre problème [. . .] est d'être *arabes*, plus ou moins selon les uns et *les autres* sans doute, mais de l'être même ne *parlant* bien que le *français* ou le *kabyle*, et seulement un *arabe approximatif*, même en citant Eluard plutôt qu'Al Motanabbi parce que les chances d'un "arabisme moderne", c'est-à-dire ouvert et non crispé, créateur et non phraseur, intériorisé et non oratoire, sont grandes, et qu'elles le sont sans doute en Algérie, demain ou après-demain. Et si alors, ce jour-là, nous cherchons à nous définir, ce qui n'est pas le plus important, que ce soit dans l'épanouissement et *non dans le reniement* (93).

Selon Djebar, le problème réside dans l'identité "arabe"[15]. Mais qu'est-ce que c'est que d'être "arabe"? Avoir des ancêtres qui viennent d'Arabie-Séoudite ou du Koweit, dont la famille royale actuelle est plus proche de Prospero le patron gérant d'une île à pétrole, ou bien être "l'Arabe", Caliban l'esclave, le prolétaire, le colonisé? Ensuite, Djebar ne nie pas la multiplicité maghrébine, elle mentionne les parlers kabyle, français et même le farabe dans l'expression "arabe approximatif". Mais très vite, elle aussi "saute" à l'arabisme moderne lequel il faut le rappeler utilise l'arabe classique. On est en droit de se demander comment un écrivain comme Assia Djebar, très consciente des réalités algériennes, peut ne pas voir ces contradictions. Comment peut-elle à la fois mentionner le farabe et le berbère sans pour autant revendiquer le droit de cité de ces langues maternelles? Comment peut-elle s'exprimer en français sans revendiquer la reconnaissance de cette langue et épouser les thèses dominantes? On pourrait multiplier les exemples de ces "sauts simplificateurs" dans le discours, qui sont souvent dus au manque d'une terminologie précise. Sans vouloir émettre de jugement de valeur sur Assia Djebar, il faudrait remarquer qu'elle finit, malgré elle et probablement à son insu, par rejeter ces trois langues parias et comble du paradoxe, elle termine sa déclaration en parlant de reniement[16]. A ce sujet, Arnaud a fait le commentaire suivant sur Djebar: "l'auteur fait allusion à la diversité linguistique de l'Algérie pour l'écarter aussitôt, semble-t-il dans une perspective d'unité"(93). Malheureusement pour l'idéologie dominante, l'unité ne peut se faire qu'en reconnaissant cette diversité, et non en niant ses multiples composantes. Beaucoup d'intellectuels ont tendance à confondre l'unité avec l'uniformité, qui elle nie la différence.

Arnaud examine enfin le cas de l'écrivain Mourad Bourboune pour qui, une fois l'indépendance acquise, le déchirement auquel faisait allusion Malek Haddad et le pôle dominant pendant la guerre de libération nationale, n'a plus de

---

15. Ben Bella avait affirmé dès l'indépendance de l'Algérie: "Nous sommes des Arabes, nous sommes des Arabes, nous sommes des Arabes". A force de le dire et de le répéter, l'Algérie est devenue l'Arabie de l'Afrique!
16. Nous étudierons cette attitude contradictoire mais courante chez beaucoup d'Algériens dans le chapitre Maghreb multiglossique.

sens. Elle souligne la position de Bourboune, qui parle d'un choix politique, et rejoint celle de Kateb:

> L'option se situe dès lors sur un tout autre plan, c'est une affaire entre Algériens et il est certain que le déchirement n'a plus de sens. A moins que le choix politique ne soit que d'opportunité et que toutes les cartes ne soient dévoilées: *ne pas mentionner que l'arabe n'est pas la seule langue des Algériens c'est fausser le choix*(93).

Notons que Bourboune parle d'une politique où toutes les cartes ne sont pas dévoilées. Il fait sans doute allusion à l'histoire officielle, qui commence avec l'arrivée des cavaliers d'Arabie-Saoudite, venus "libérer" ces berbères de leurs siècles de civilisations barbares, histoire qui se termine là où elle a commencé, avec "les arabes". Tout ce qui est arrivé avant ou après la venue des Saoudiens est inexistant.

Quiproquos parmi les destinataires du message

Que ce soit avec Bourboune, Djebar, Haddad, ou Amrouche, Arnaud a elle aussi ignoré ou égaré en cours de démonstration, la proposition qui soutient que cet "arabe" (classique), mal maîtrisée par la minorité des antellectuels partisans du "pôle dominant," demeure une langue aussi étrangère que le français pour la majorité des Algériens, notamment les intellectuels. Mais, examinons les propos de Bourboune par exemple, dans la citation ci-dessus.

En effet, cette dernière observation est très problématique car elle contient en filigrane des "demi-expressions" qui peuvent être comprise de différentes manières et selon les individus et les programmes politiques et culturels qu'ils ont à promouvoir. Si "l'arabe" désigne à la fois le farabe et le classique, nous pouvons comprendre ces propos selon les deux possibilités suivantes: ne pas mentionner que [le farabe / le classique] est la seule langue des Algériens. Mais là encore, il faudrait préciser de quelle langue il s'agit. En faisant la différence entre la langue maternelle et la langue étrangère, nous obtiendrons les quatre combinaisons suivantes:

1. ne pas mentionner que le farabe n'est pas la seule langue maternelle des Algériens, c'est fausser le choix.
2. ne pas mentionner que le classique n'est pas la seule langue maternelle des Algériens, c'est fausser le choix.
3. ne pas mentionner que le farabe n'est pas la seule langue étrangère des Algériens, c'est fausser le choix.
4. ne pas mentionner que le classique n'est pas la seule langue étrangère des Algériens, c'est fausser le choix.

La première proposition, le farabe n'est pas la seule langue maternelle des Algériens est vraie, car avec le berbère, elles sont les deux langues maternelles des Algériens. La seconde proposition est absurde, tout comme le latin n'est la langue maternelle d'aucun Italien ou Français, l'arabe classique n'est la langue maternelle d'aucun Algérien. Soutenir le contraire serait faire preuve de mauvaise foi. Or, un spécialiste non attentif aux nuances du discours dominant peut facilement confondre ces deux possibilités mutuellement exclusives, d'autant plus que ce discours dominant entretient volontairement cette confusion en ne parlant que de "l'arabe".

La troisième proposition est vraie pour des habitants qui ne parlent pas farabe mais "arabe", en Arabie ou en Egypte par exemple, comme un Parisien "français" parle sa langue maternelle, mais absurde dans le cas des Algériens. Enfin, la quatrième proposition, qui dit que l'arabe classique est une langue étrangère pour les Algériens, est, aussi choquant que cela pourrait le paraître, à placer au rang d'axiome, tant elle demeure vraie aujourd'hui même. Car, il faut le dire sans complexe, tout comme le français, l'arabe classique est une langue étrangère pour la majorité du peuple analphabète. Pourtant, c'est précisément cette dernière proposition que le discours dominant propage, ampute l'adjectif classique, afin de la faire passer pour la première proposition! Pourquoi donc? -On pourrait avancer sans trop de risque, que c'est un complexe du pouvoir jacobin, qui cumule le complexe de l'ancien colonisé et du colonisateur: il a honte de sa véritable langue maternelle, et il nie la langue et la culture de ses sujets. Passé maître dans l'art de manipuler l'interdit, le pouvoir dominant entretient la confusion, en faisant passer la vessie classique pour une lanterne farabe dans un premier temps, bannissant les deux langues maternelles dans une seconde étape et tolérant temporairement le français, qui a d'ailleurs été officiellement condamné à disparaître. Arnaud continue son étude en soulevant le problème combien épineux et tabou de la langue maternelle des berbérophones:

> Car une autre question se pose: celle de la langue berbère. Dans l'Algérie colonisée, la langue maternelle de plusieurs des écrivains d'expressions française parmi les plus remarquables- Jean Amrouche, sa soeur Taos, M. Feraoun, M. Ouary, M. Mammeri- n'était pas l'arabe mais le kabyle, et sur cinq, peut-être un ou deux seulement pouvaient prétendre posséder *l'arabe dialectal*, sans parler de *l'arabe littéraire*(94).

Ces précisions sont pour le moins surprenantes. Alors que quelques pages plus haut, Arnaud commettait le saut simplificateur, soulignons ici la mention du dialectal, et sa distinction avec le littéraire. On pourrait se demander comment une chercheuse aussi brillante qu'Arnaud, qui connaît très bien le

Maghreb en général, et l'Algérie en particulier pour y avoir vécu, peut-elle faire des inconséquences aussi sérieuses et des contradictions aussi aberrantes. Ces contradictions vont devenir plus flagrantes dans l'étude de *La statue de sel* de Memmi.

Du roman de Memmi, Arnaud mentionne l'épisode de la rentrée scolaire, et celui du choix par le narrateur de la langue française au détriment de sa langue maternelle. De la première expérience de l'école, Arnaud ne voit qu'un narrateur mal à l'aise avant la rentrée, car il ne parle pas la langue du maître d'école. Plus loin, elle souligne le fait que Memmi a opté pour le français au lieu de l'arabe, tout en précisant le "patois judéo-arabe" (107) et qu'il a voulu maîtriser cette langue étrangère. Elle a essayé d'expliquer les raisons du choix de Memmi et le rejet de l'arabe par la dimension juive de l'auteur. Si Arnaud a tenté d'expliquer les raisons de ce choix, elle n'a toutefois pas remis en question la conclusion de Memmi dans le *Portrait du colonisé*[17].

Aussi allons-nous revenir à *La statue de sel*, suivre l'itinéraire du héros, montrer les failles de l'argument d'Arnaud, et les déclarations de Memmi qui contredisent ses propres conclusions dans le *Portrait du colonisé* concernant la littérature francophone. Pour cela, nous étudierons en plus de la première expérience de l'école, le personnage de Marrou, et le chapitre intitulé "le camp". Ces trois parties décrivent le drame que vivent les intellectuels francophones, déchirés entre une langue maternelle "infirme" et la langue du colonisateur français, dans laquelle ils trouvent un potentiel libérateur.

La statue de sel, roman où la fiction se mêle à l'autobiographie, a voulu faire le "bilan" de la vie passée de Memmi, afin, non seulement de ne pas oublier, mais surtout de voir plus clair, de trouver une solution à ses problèmes. De père juif italien, de mère tunisienne berbère, le narrateur est né dans le ghetto de Tunis, parlant comme langue maternelle le "patois" tunisien, un genre de farabe[18]. Arnaud souligne la présence du "pacte autobiographique" avec lequel, dès le départ, le narrateur nous fait part de son intention d'écrire sur un sujet bien précis: sa propre vie. La première partie au titre symbolique "L'impasse", commence par un prologue "L'épreuve"[19], dans laquelle le narrateur décide de ne pas passer l'examen d'agrégation. Avec ce refus de la consécration académique, le bilan de sa vie est entamé.

Le récit du héros qui parle à la première personne, est divisé en trois parties: "L'Impasse", "Alexandre Mordekhaï Ben-Illouche" et "Le Monde". La première partie retrace l'enfance du héros, notamment le premier départ de la

---

17. Qui est, rappelons-le, que la littérature maghrébine de langue française est condamnée à mourir jeune.
18. Il faut préciser qu'il est compréhensible à un habitant d'Alger ou de Rabat.
19. Reprise dans l'avant-dernière partie du roman.

maison, vécu comme un traumatisme, l'entrée à l'école primaire. La seconde partie décrit la double confrontation des milieux dans lesquels vit l'adolescent: l'univers du lycée français, avec ses valeurs laïques et modernes, contre celui de la famille patriarcale, aux mœurs rurales et aux croyances primitives. La troisième partie représente la lutte contre "les autres", à la fois le monde oriental des colonisés qu'il rejette et celui de l'occident colonisateur qui le rejette. Arnaud en tire la conclusion suivante:

> "Le bilan débouche sur un sentiment d'angoisse du héros, individu solitaire, étranger à lui-même, à cheval sur deux classes, deux civilisations" (317).

S'il est vrai que le héros est à cheval entre classes et civilisations, il faudrait préciser qu'il n'y en a pas que deux, mais plusieurs. L'opposition binaire faite par Arnaud est un peu trop simpliste et le titre que donne Memmi à la seconde partie, centrale dans son roman, en est une preuve indéniable. Effectivement, la confection du titre "Alexandre Mordekhai Ben-Illouche," nom du héros, repose sur une multiplicité de dimensions, un tissu d'altérité, de morceaux d'identité hérités de divers colonisateurs. Alexandre, représenterait l'occident, la France puissante et dominatrice, Mordekhaï Ben-Illouche, la triple dimension judéo-arabo-berbère des colonisés, monde de perdants affamés, de pauvres et d'analphabètes, monde qui emprisonne le héros et d'où il veut se libérer:

> Ma rage permanente s'exerçait en permanence contre la morale hypocrite et timorée, la famille stupide et tyrannique, l'autorité brutale et injuste, les rites gratuits, étouffants et primitifs. En fait, je devais tout refuser. C'est qu'il fallait, sans que j'eusse conscience, m'arracher aux pattes gluantes du monstre. Et toute maîtrise de soi doit commencer par une rupture avec le monde. A ce prix seul est la libération (158)!

Pour se libérer, il faut d'une part refuser ce "monstre", du moins ce que Memmi appelle "les pattes gluantes" des traditions périmées, et de l'autre se jeter dans les pattes d'un autre monstre, dans "la gueule du loup"[20]. Le récit va d'ailleurs être constitué par une série de ruptures, dont la première est celle de la coupure ombilicale avec la langue maternelle. Le narrateur a six ans, âge de quitter le "patois" de sa mère et d'entrer à l'école primaire:

> -Comment arriverais-je à comprendre le maître? Je ne sais pas le français! -Justement, il te l'apprendra disait mon père. -Mais, avant qu'il me l'apprenne, comment lui répondrai-je? J'étais devant un gouffre, sans moyen de communication

---

20. Expression de Kateb Yacine pour décrire l'école coloniale.

avec l'autre bord. Le maître ne parlait que français, je ne parlais que patois; comment pourrons-nous jamais nous rencontrer (44)?

Sa langue maternelle est donc un "patois", un farabe de Tunis, langue qui ne s'écrit pas et qui comme le précise Arnaud, "ne donne pas accès aux grands textes"(319). Elle précise que l'arabe classique et l'hébreu sont respectivement les langues du Coran et de la Bible, alors que le français du maître d'école est la langue de la modernité. Arnaud compare la situation de Memmi avec celle d'autres intellectuels "musulmans" colonisés. C'est en ces termes qu'elle souligne la différence et la gravité de la situation de Ben-Illouche:

> Le drame est donc plus grave que celui des écrivains arabes de culture française qui, s'ils veulent revenir à leurs origines, pourront (théoriquement) apprendre *l'arabe littéraire*, ou, s'ils choisissent la *langue populaire* auront conscience de parler l'idiome de la majorité (319).

On pourrait comprendre dans les propos d'Arnaud, que la situation des "écrivains arabes" est moins dramatique. Et elle l'est dans la mesure où ils ne seront pas "juif dans un univers antisémite[21]" après l'indépendance. En supposant que leur origine est "arabe", et non berbère, il faudrait que leur langue populaire se transforme miraculeusement en "arabe littéraire". En mettant "théoriquement" entre parenthèses, Arnaud a mis de côté le fond du problème, pour ensuite très vite le sauter. A la note vingt en bas de page, Arnaud a seulement mentionné le problème des berbérophones. Elle a souligné que le "patois" de Memmi, le judéo-farabe qu'elle appelle "judéo-arabe", dialecte dérivé et étroitement lié à "l'arabe", est peu pratique, peu utilisable, et n'a pas vraiment d'avenir en Afrique du Nord. Ce "judéo-arabe," devra, après l'indépendance, s'assimiler ou disparaître. Mais n'est-ce pas la situation que vivent les "colonisés musulmans", "les arabes" et de leur langue maternelle farabe, sans mentionner le berbère? Ne les oblige-t-on pas à s'assimiler au nom d'un prétendu arabo-islamisme, devenu aujourd'hui islamisme colonisateur?

Arnaud a une nouvelle fois fait "le saut", tout comme Memmi dans le *Portrait du colonisé*, qui assimilait le farabe à l'arabe classique[22]. Or, dans *La statue de sel*, écrite rappelons-le bien avant cet essai, Memmi a à son insu soutenu le contraire. Reprenons le passage où le héros parle de ses difficultés à apprendre le français:

---

21. Memmi, *Statue* 109. On pourrait faire un parallèle avec les berbères laïcs dans un univers arabo-islamiste.
22. Langue écrite qui possède derrière elle une grande civilisation et qui a dans le passé véhiculé le progrès scientifique, notamment dans le sud de l'Espagne.

La question de la langue   87

"J'essayais de prononcer une langue qui n'était pas la mienne, qui peut-être ne le sera jamais complètement, et pourtant m'est indispensable à la conquête de toutes mes dimensions" (120).

Se plaignant de ne pouvoir prononcer la lettre française "r" comme le ferait naturellement un Parisien, il prend conscience de ses propres limites et en arrive à examiner les limites de sa langue maternelle:

> *Notre patois* suffisait à peine au langage du boire et du manger. Pouvais-je leur dire que ma mère ne parlait aucune langue européenne, qu'elle ne parlait même pas convenablement *son patois* (120).

Il se rend compte de l'insuffisance de son "patois". Alors que l'expression notre "patois" désigne le "judéo-arabe", une forme de l'arabe du ghetto de Tunis, la langue berbère, origine de la mère de Memmi, devrait logiquement désigner le patois de la mère. Memmi reconnaît le problème de l'infirmité de ces dialectes maternels qui véhiculent une culture orale et non écrite. Cette situation d'une langue maternelle infirme trouvera son paroxysme dans le chapitre de la troisième partie intitulé "le camp".

Volontaire dans un camp de travail pendant le seconde guerre mondiale, on demande au héros qui est instruit de faire un discours aux prisonniers. Or, pour le faire en "judéo-arabe", il faudrait préparer ce discours, et d'abord l'écrire. Mais, le héros se retrouve dans l'incapacité de le faire, même oralement, découvre une nouvelle fois qu'il s'est laissé pousser des ailes intellectuelles. Si elles lui permettent de disserter sur des sujets abstraits et compliqués, avec la masse de travailleurs illettrés, il lui est impossible de dialoguer, tant il ne parle plus le même langage qu'eux. C'est en ces termes qu'il décrit ses frustrations et sa prise de conscience:

> Je pense en français et mes soliloques intérieurs sont depuis longtemps de langue française. [...] Mais, je ne possédais *pas assez de mots* en *judéo-arabe* pour leur dire tout ce que j'avais préparé. Je m'exprime assez bien en *arabe, pour traduire le concret*, la vie de tous les jours, pour les idées, les relations intellectuelles, j'ai toujours utilisé le français (314).

Notons le "pas assez de mots", et que le "judéo" de judéo-arabe, est égaré dès la ligne suivante au profit de "l'arabe". Ensuite, le narrateur reconnaît explicitement, que pour les activités intellectuelles, il se sert du français. Mais, pourquoi ne le ferait-il pas en "arabe"? -Parce qu'il ne possède pas "assez de mots" comme il l'affirme lui même! -Et pourquoi est-il si pauvre en vocabulaire dans une langue qui reste pourtant sa langue maternelle? -Peut-être parce qu'il est très difficile pour ne pas dire impossible, de tenir une discussion intellectuelle en farabe, langue qui possède un nombre très réduits de mots usités et dont le vocabulaire courant ne permet pas de passer aux discussions abstraites. Pour les discussions portant sur des sujets intellectuels, souvent abstraits, il faut passer au français ou à l'arabe classique, à une langue étrangère dans les deux cas. Si telle est la réalité, comment alors s'attendre à ce que des intellectuels maghrébins utilisent "l'arabe", farabe infirme et non écrit, ou le classique qu'ils parlent peu et ne maîtrisent pas, pour écrire leurs oeuvres? Comment affirmer que la littérature maghrébine d'expression française se tarirait d'elle même, comme le disait Memmi dans son essai? C'est là, avec les sauts assimilateurs, il faut le reconnaître, une des principales contradictions des chercheurs sur le Maghreb et des intellectuels maghrébins en général.

Bonn, Déjeux, Arnaud, d'autres bien avant eux, d'autres après eux ont fait et refait ces "sauts", certains à leur insu, d'autres par démagogie ou par calcul. Entre le farabe, le berbère, le français, et l'arabe classique, Kateb Yacine a naturellement refusé d'apprendre cette dernière langue, et a défendu les trois premières publiquement. Le contexte maghrébin demeure encore très complexe et en mouvement; aussi est-on tenté par ignorance dans le cas de certains intellectuels, par malhonnêteté et par calcul machiavélique dans le cas du pouvoir dominant, de le confondre, de le rattacher au Moyen-Orient anciennement et à nouveau colonisateur[23]. Il faudrait éviter de faire de pareilles "assimilations", car elles peuvent mener à des conclusions absurdes. Dans les chapitres prochains, nous tenterons de donner quelques clarifications élémentaires mais fondamentales pour la compréhension du contexte maghrébin.

---

23. Voir *FIS de la haine* de Boudjedra.

TROISIEME PARTIE

CHAPITRE 6

MAGHREB MULTIGLOSSIQUE

"L'arabisation consiste à rendre arabe ce qui ne l'est pas"[1].

"Trabendo" est une expression tirée du nouveau pataouète que parlent les Algériens, constitué d'un curieux amalgame d'expressions arabes, françaises, berbères et de suaves néologismes[2].

Pourquoi les intellectuels maghrébins continuent à faire constamment appel à la langue française? Pourquoi s'obstinent-ils à ne pas produire en arabe, tout en refusant en même temps de reconnaître la langue marâtre en question et de lui faire une place honorable dans leur patrimoine? Nous allons d'abord tenter d'expliquer la complexité du contexte des langues parlées au Maghreb ainsi que celui de la langue française des deux côtés de la Méditerranée.

Contexte de la langue française

Si en étudiant la question du public et de la langue des Maghrébins, les spécialistes de la littérature maghrébine d'expression française sont arrivés à des conclusions qui se sont avérées fausses aujourd'hui, la raison principale réside dans le fait qu'ils ont souvent travaillé à partir d'hypothèses de départ incomplètes. Ils ont constamment considéré le problème à partir d'une opposition binaire, simple à résoudre, l'arabe contre le français et ceci malgré de

---

1. Gilbert Grandguillaume, *Arabisation et politique linguistique au Maghreb* (Paris: Maisonneuve et Larose, 1983) 9.
2. Rachid Mimouni, *De la barbarie en général et de l'intégrisme en particulier* (Paris: Le près aux clercs, 1992) 59.

nombreux avertissements. En effet, à la fin des années soixante, dans un article intitulé "Il faut enseigner l'arabe vivant"[3], un groupe d'enseignants algériens mettait en garde contre la politique suivante:

> Depuis que le gouvernement de l'Algérie indépendante multiplie partout les écoles, l'instruction s'avère une opération très malaisée parce qu'elle se fait soit en français -que le peuple considère comme une langue étrangère-, soit en arabe classique, langue qui n'est parlée à peu près par personne.

Les auteurs de cet article, qui gardaient l'anonymat[4], précisaient que:

> A l'intérieur des services de l'état, dans les rapports que l'administration entretient avec le public, dans les discussions entre personnes privées, dans les récréations des cours d'école, on n'entend parler qu'un seul langage, *l'algérien dialectal*. [. . .] L'enfant algérien apprend dès le berceau le dialectal: c'est la langue qu'on parle à la maison[5].

Autrement dit, ce que nous avons appelé le farabe pour l'algérien dialectal, pour souligner la diversité même de ce dialecte. En réponse à cet article, un universitaire algérien soulevait la question de l'autre langue maternelle des Algériens en interrogeant: "Faut-il enseigner (aussi) le berbère"[6]? Derrière la question du berbère occulté, il tirait la sonnette d'alarme car ce n'était pas seulement la question kabyle qu'on essayait d'étouffer, mais les deux langues maternelles que le pouvoir essayait de supprimer. Dans les années soixante-dix, un autre intellectuel algérien, M'Barek Redjala, a tenté d'expliquer la complexité de cette situation linguistique et de montrer que les solutions préconisées pour transformer l'enseignement de langue française en langue "arabe" étaient absurdes:

> *Une langue et culture étrangères* et de surcroît *mortes* depuis des siècles, y sont déclarées *nationales* et obligatoires, au détriment des *langues et des cultures locales refoulées*, contenues et persécutées parce que trop populaires et sans passé historique digne de mention[7].

---

3. *Jeune Afrique*, n.481, 6-12 Jan 1968, 50.
4. Car, ils risquaient non seulement d'être mis en prison sous Boumédiene pour "atteinte à la sûreté de l'état", mais ils pouvaient être assassinés en France ou ailleurs par les services de sécurité. Il y a eu l'Affaire Krim Belkacem, l'Affaire Mecili, sans mentionner l'assassinat de Boudiaf en Juin 1992. Il faudrait préciser que feu le président Boudiaf était le premier à faire ses discours en farabe, dans la langue du peuple.
5. "L'algérien dialectal" est souligné par nous.
6. *Jeune Afrique*, n.431, 7-13 Avril 1969, 50. L'auteur de cet article gardait aussi l'anonymat, pour des raisons évidentes.
7. M'barek Redjala, "Spécificité culturelle et unité politique: Arabophones et berbérophones en Algérie et au Maroc." *Temps Modernes* Juillet, 1973, 2243. Souligné par nous.

La langue étrangère, morte depuis des siècles dont parle Redjala et sa culture obligatoire du Moyen-Orient est en arabe classique, alors que "les langues et cultures locales refoulées" sont exprimées en farabe et en berbère. Le dernier colonisateur français n'avait pas de "passé historique digne de mention," aussi sa langue était la première à persécuter. Cette volonté "d'arabe classiquer" s'est traduite dans la réalité par un excès de zèle d'antellectuels arabistes qui rejetaient tout ce qui était authentiquement algérien. Ils ont été jusqu'à nier l'existence même de ces langues et de ces cultures populaires, ont importé une nouvelle langue étrangère et l'ont déclarée nationale. Ces arabistes monolingues s'en sont servis pour tenter de chasser la langue française, coupable du crime originel, la colonisation. Nous avons expliqué dans le chapitre trois que c'était une manière très efficace pour le pouvoir dominant de censurer les intellectuels dissidents, francophones dans leur écrasante majorité. Car, comme l'expliquait Tahar Ben Jelloun en 1974, dans l'introduction à *La mémoire future*:

> La polémique expression française-expression arabe est un faux problème soutenu par ceux qui, d'une part, veulent justifier le projet politique de la francophonie, et ceux qui, de l'autre, rejettent les générations d'écriture française qui seraient d'idéologie étrangère et par conséquent pernicieuse pour la culture arabe. L'écriture en langue française n'est pas un choix: elle est le résultat de la violence coloniale. L'important, c'est de s'exprimer, de dire, d'écrire, et de ne pas se résoudre au silence, surtout quand la langue maternelle a été occultée par la colonisation[8].

A ces précisions faites par Ben Jelloun[9], nous pouvons ajouter que les pouvoirs post-colonisateurs qui se sont succédés ont, aussi paradoxal que cela puisse paraître, continué et même perfectionné cette politique de répression des langues maternelles. L'important, comme le rappelle Ben Jelloun, est de ne pas se taire, de ne pas se résigner au silence. Mais pourquoi donc une langue bâtarde, produit d'une série d'hybridations avec plusieurs langues colonisatrices, par surcroît déclarée infirme, peut-elle être si subversive? Dans quel but veut-on détruire ces trois langues à la fois? Ne risque-t-on pas de replonger le peuple dans l'analphabétisme et la déculturation au lieu de l'instruire?

Après Laâbi et Ben Jelloun, un autre écrivain marocain s'est interrogé sur cette complexité du contexte en Afrique du Nord:

> "Mauvaise plaisanterie: nous, les Maghrébins, nous avons mis quatorze siècles pour apprendre la langue arabe (à peu près), plus d'un siècle pour apprendre le

---

8. Tahar Ben Jelloun, *La mémoire future* (Paris: Seuil, 1976) 10.
9. Nous ne sommes que d'accord avec la condamnation de la francophonie en tant que projet politique.

français (à peu près); et depuis des temps immémoriaux, nous n'avons pas su écrire le berbère. C'est dire que le bilinguisme et le plurilinguisme ne sont pas, dans ces régions des faits récents. Le paysage linguistique maghrébin est encore plurilingue: diglossie (entre l'arabe et le dialectal), le berbère, le français, l'espagnol au nord et au sud du Maroc[10].

C'est en ces termes qu'en 1983, Abdelkebir Khatibi décrivait la situation linguistique au Maghreb. Plus de quinze ans après *Le roman maghrébin*, il semble avoir changé d'optique. Parler de diglossie au Maghreb est une entreprise extrêmement complexe, car comme l'affirme Khatibi le plurilinguisme n'est pas une situation héritée de la dernière colonisation. Pour être conséquent avec soi-même, il faudrait plutôt parler de "diglossies" au pluriel. Les distinctions que l'on a faites ont souvent été binaires et ont mis en opposition la langue étrangère à la langue nationale. Seulement, cette opposition entre les expressions française et arabe, couramment utilisée, ampute l'équation de certaines de ses variables. La binarité en question ne représente pas la réalité maghrébine, puisqu'elle nie les "dialectes" maternelles du peuple.

Comme nous l'avons suggéré dans le troisième chapitre, en étudiant *Le cas Kateb Yacine*, il faudrait plutôt considérer quatre langues en conflit: le farabe, le berbère, le français et l'arabe classique[11]. Nous avons tenté de regrouper ces quatre composantes en deux langues maternelles et deux langues étrangères utilisées par l'élite intellectuelle. Mais là encore, ce regroupement simplifie un peu trop la situation et pourrait aboutir à des résultats incomplets, et donc fausser l'analyse. Car, que faire dans le cas de cinq langues, comme au Maroc où l'espagnol est très utilisé, de six ou même dix langues[12], situations courantes en Afrique, où l'on se trouve dans l'obligation de réduire son "aire culturelle"? Il faudrait toutefois se rappeler les faits suivants:

> Pour un habitant du Maghreb, la compréhension de l'arabe classique à partir de son seul dialecte arabe est pratiquement impossible; elle l'est absolument à partir de son dialecte berbère[13].

Pour être conséquent avec soi-même on devrait se demander si les "dialectes" berbères (kabyle ou chaouia par exemple) ne sont pas eux aussi, très éloignés de l'ancien tamazight ou "berbère classique" que parlait Jugurtha ou

---
10. Abdelkebir Khatibi, *Maghreb pluriel* (Paris: Denoel, 1983)179.
11. *Le cas Kateb Yacine* fut présenté au "Colloque International "Exilés, Parias dans les littératures d'expressions francophones," à Brock University à St. Catharines, en Ontario.
12. Dans le cas du Nigéria, il existe environ deux mille langues et dialectes.
13. Grandguillaume 13.

Saint-Augustin[14]. La réponse est indéniablement affirmative mais avec une différence fondamentale. Grandguillaume souligne que:

> Si on peut parler d'une certaine parenté entre l'arabe classique et les dialectes (arabes), il n'en est pas de même pour le berbère qui repose sur une phonologie, une grammaire, une syntaxe et un vocabulaire totalement différents de ceux de l'arabe. Il n'y a aucune inter-compréhension spontanée entre les deux langues (14).

De plus, aujourd'hui, la langue imposée par le pouvoir n'est certainement pas le berbère ancien, langue des autochtones, avec ses caractères en tifinagh[15], ni le berbère contemporain parlé par plus de trente pour cent de la population, ni même le farabe, mais bien l'arabe classique. C'est en tant que langue du pouvoir différente des langues maternelles, instrument de répression intellectuelle et de censure, que nous considérerons l'arabe classique. On pourrait aussi se demander par souci de rigueur, s'il n'y a qu'un seul farabe, si par exemple le farabe d'Alger, d'Oran et de Constantine est "le même" que celui de Tunis ou de Rabat. Pour être conséquent avec soi-même, on est en droit de se demander si le berbère parlé par les Touaregs est le même que celui des Mozabites dans le sud algérien ou que celui des Chleuhs ou des Rifains du Maroc. Pour schématiser, en prenant les populations blanches, chrétiennes, européennes, on pourrait se demander si le français parlé par les Parisiens, les Marseillais, les Genevois, les Bruxellois est "le même". La réponse serait affirmative, car bien qu'il y ait des accents différents ou des variantes dans les expressions, notamment chez les Québécois, le français demeure compréhensible pour deux habitants quelconques de ces pays. Il en va de même pour les "dialectes arabes nord-africains" ainsi que pour les "dialectes tamazights" ou berbères nord-africains[16]. Aussi continuerons-nous de nous référer aux parlers "en arabe dialectal nord-africain" par le signifiant farabe et aux parlers "en tamazight dialectal nord-africain" par le signifiant berbère.

Mais, si cette terminologie rend le contexte un peu moins confus, il ne faudrait surtout pas croire que la complexité va disparaître soudainement, puisqu'on la retrouve à un autre niveau. On a parfois opposé, dans le cas de trois

---

14. Selon l'historien André Mandouze, Saint-Augustin, auteur des *Confessions*, était un berbère mais lettré en latin. La situation de la langue maternelle qui travaille et produit une oeuvre dans une langue étrangère, très souvent héritée de la colonisation, est un des plus vieux "métier intellectuel" en Afrique du Nord.
15. Qui s'écrit de gauche à droite. Il est différent de l'arabe, s'écrit en sens inverse, et ressemble au grec ancien.
16. Certains Touaregs ne seront pas d'accord. Ils trouveront que le Kabyle a été trop "francisé" par exemple.

langues en compétition les termes de langue maternelle à langue première, de langue première à langue étrangère, de langue seconde à langue troisième. A l'exception de certains dialectes[17], à l'exception du domaine religieux ou le latin était[18] le langage dans lequel la messe pouvait être dite, aujourd'hui en France, le français est à la fois la langue parlée, la langue utilisée à l'école, la langue de l'administration, la langue de la rue, la langue des médias, la langue du discours officiel et la langue des intellectuels. Aussi y a-t-il peu de friction[19] sinon pas de conflit entre langue maternelle, langue de travail, langue officielle et langue nationale puisque la langue française cumule toutes ces fonctions.

Remarquons toutefois la multiplicité des adjectifs qui qualifient la langue et dont s'habille le discours. En France, maternelle, la langue est parlée dès la naissance avec la mère. Dialectale, ou patois, elle est parlée avec ses proches ou ses voisins du village. Vulgaire ou argotique, elle est parlée dans la rue avec ses camarades, "en verlan" dans les cours de récréations de lycées. Officielle, elle est tenue par les hommes du président. Etrangère, elle s'apprend en tant que seconde langue au lycée où elle est considérée parfois comme une nouvelle menace de l'impérialisme culturel américain. Mais, par une étrange ironie du sort, dans les pays qui sont, comme au Maghreb, passés d'un colonisateur à l'autre depuis des millénaires, la langue prend des tournures insolites, des combinaisons "baroques". Elle peut être dialectale, bâtarde rejetée, bien que maternelle, décrétée officielle bien qu'étrangère, maintenue étrangère bien qu'utilisée partout par les intellectuels, et comble du paradoxe, elle peut être déclarée nationale et officielle alors que la majorité des intellectuels ne s'en servent même pas pour produire leurs écrits, et que l'écrasante majorité du peuple, les citoyens de la nation, refusent de l'utiliser chez eux. Comme l'explique Redjala: "les arabophones présentent cette particularité de s'exprimer en dialectal, leur langue maternelle, et très rarement en littéraire"(2243). Notons aussi que dans notre cas de "l'arabe", les qualificatifs foisonnent. Il y a l'arabe dialectal, l'arabe populaire avec ses patois, l'arabe administratif, l'arabe classique avec ses maints dérivés et dialectes, l'arabe littéraire, l'arabe standard, l'arabe internationale, l'arabe moderne, la langue du Coran, sans parler des farabes que l'on ignore en assimilant à l'arabe classique, dont on égare le qualificatif "classique" pour ne garder que le signifiant "l'arabe" qu'on utilise pour regrouper toutes les langues et tous les parlers

---

17. Cette situation existe aussi bien en Afrique du Nord qu'en France, où un Corse, un Breton ou un Basque pouvaient parler corse, breton ou basque à la maison comme langue maternelle, français à l'école et pouvaient apprendre l'anglais au lycée comme seconde langue étrangère.
18. Il l'est encore dans quelques églises.
19. A l'exception des Basques, des Bretons ou des Corses, qui ne forment pas 80% de la population française.

même partiellement, infiniment "mélangés" à la langue arabe[20] pour de l'arabe. D'où la question qui vient logiquement à l'esprit et qui s'impose: y a-t-il des critères pour différencier dans ce cocktail de signifiants, souvent aux signifiés contradictoires et quels sont ces critères? En tant que critique littéraire, sans être spécialiste en linguistique, quelle approche adopter afin de vulgariser ce foisonnement de langues et de le rendre compréhensible? La multiplicité de ces qualificatifs étant indéniable, on pourrait s'interroger sur les rapports qu'ils peuvent avoir les uns avec les autres. Par quel chemin est-ce que la langue parlée, dans notre cas le français, est devenue langue de communication au détriment du latin des élites? Enfin, dans quel but le pouvoir dominant, qui veut chasser le français, continue-t-il à entretenir la confusion entre "farabe" et "arabe classique"? Pour répondre aux maintes question soulevées, nous allons faire appel à Henri Gobard dont la théorie, très accessible d'ailleurs, nous semble décrire le mieux les multiglossies et l'évolution de la langue française depuis le moyen-âge en France. Dans un second temps, nous l'adapterons à l'Algérie pour décrire la situation de la langue française et mieux exposer un autre aspect de la complexité du contexte algérien où a lieu le débat idéologique[21].

L'aliénation linguistique d'après Henri Gobard[22]

Décrire la langue n'est pas une entreprise aisée, il n'est d'ailleurs pas difficile de remarquer le grand nombre de qualificatifs utilisés pour le faire. Langue maternelle et langue étrangère, langue mère et langue dérivée, langue première et langue seconde, langue vivante et langue morte, langue populaire et langue nationale, langue standard et langue bâtarde, langue argotique et langue châtiée, langue haute et langue basse, langue ancienne et langue moderne. On pourrait ajouter à cette liste non exhaustive, langue administrative, langue officielle, langue locale, langue classique sans oublier la mythique langue liturgique. Cette prolifération de qualificatifs pourrait être vue comme une grande richesse, le signe d'une précision dans la description des langues. Mais, elle pourrait être considérée dans une certaine mesure comme le symptôme d'une fragmentation du discours, signe d'un manque de critères adéquats. Aussi faudrait-il combler cette lacune, grouper les langues en éléments

---

20. Comme l'espagnol ou le berbère. L'espagnol s'est mélangé à l'arabe classique et comporte beaucoup de mots d'origine arabe. Pourtant, on n'assimile pas l'espagnol à "l'arabe classique". Pourquoi le fait-on alors pour le berbère ou le farabe?
21. Qui est, rappelons-le, la troisième hypothèse de Memmi.
22. Henri Gobard, *L'aliénation linguistique* (Paris: Flammarion, 1976).

et non en petits morceaux, selon leurs fonctions et non leurs factions, selon des critères "linguistiques, sociologiques, historiques, ethniques et culturels" (33).

Gobard regroupe cette flore de langues en quatre catégories. Considérant "une aire culturelle donnée, quelle que soit la langue utilisée" (24), Gobard, définit la langue vernaculaire[23] comme la langue qu'on apprend dès la naissance, la langue de la mère, "celle qui se vit et ne s'enseigne pas, celle qui est déjà connue avant d'entrer en classe" (40). Il peut donc y avoir une multitude de vernaculaires dans un même pays, à l'intérieur de la capitale par exemple, du fait des différents groupes ethniques qui émigrent vers la ville. Par contre, dans les régions rurales, plus le village est petit et isolé plus le vernaculaire à tendance à se réduire à l'unicité. Dans un village rurale "arabophone" ou berbérophone nord-africain, on parlera respectivement le farabe et non le classique, le kabyle et non l'arabe (ni le classique, ni même le farabe). Dans le temps et dans l'espace, le vernaculaire est la langue du présent et de l'endroit où l'on est par opposition à un ailleurs. Dans un repère orthonormé à quatre dimensions[24], le vecteur vernaculaire Vr aura pour composante (X_o, Y_o, Z_o) et T_o. Langue d'ici et non d'ailleurs, langue réelle et non mythique, langue "profane" car bâtarde, non reconnue et non sacrée, le vernaculaire se confond avec l'origine du repère orthonormé. C'est précisément cette langue qui différencie les groupes ethniques entre eux et représente la dimension fondamentale de l'identité d'une personne. Quel que soit la "tare" de cette langue, par un naturel réflexe humain, on la défendra dans le droit comme dans le tort, tout comme on défendrait sa propre mère.

Aux zones rurales avec leurs langues régionales et leurs patois, leurs dialectes qui font leur spécificité et leur fierté, pilier principal qui soutient l'identité, nous opposerons la ville, avec sa foule et son langage d'échanges économiques et dont la langue représentative s'appelle: le véhiculaire. Etudiant les fonctions du langage, Gobard distingue deux différences fondamentales entre le vernaculaire et le véhiculaire: la communion et la communication. En effet, les paysans des petites régions rurales vivent en "tribu," dans une grande famille, le village, et garde cet aspect tribal même lorsqu'ils émigrent vers la ville. C'est en ces termes que le narrateur de *La statue de sel* décrivait sa famille du ghetto de Tunis:

"Je m'aperçus rapidement que nous vivions en tribu [...] En vérité, c'était leur (ma famille) quiétude et leur plaisir de vérifier sans cesse qu'ils étaient tous là" (75–76).

---

23. Le *Larousse* en donne la définition suivante: adjectif, du latin vernaculus, indigène. Langue vernaculaire, langue indigène, propre à une ethnie.
24. Un repère orthonormé est un repère cartésien dont la norme est un. Les quatres dimensions seront respectivement, X,Y,Z, pour l'espace et T pour le temps. L'indice zéro de (X_o, Y_o, Z_o) indique le lieu d'ici, et le T_o le temps actuel, c'est-à-dire maintenant.

Tout le monde se connaît et chacun sait tout sur tout le monde. Même s'il ne s'agit que de répéter quotidiennement les mêmes phrases, parler du temps qu'il fait le matin, s'assurer qu'on est tous bien vivant l'après-midi alors qu'on l'a déjà fait deux heures plus tôt, une des caractéristiques des ruraux, dans le modèle de Gobard, est qu'ils parlent pour communier.

La cité, par opposition, se différencie d'abord par sa dimension. Plus la ville est grande, plus les citadins se sentent engloutis, condamnés à courir sans jamais arriver à finir ce qu'ils avaient planifié de faire. Du fait de l'aspect économique dont s'habille le langage de la cité, le véhiculaire circule très rapidement et prend une valeur d'échange. Il n'est pas ici, mais partout dans l'espace; remis aux calendes, son temps n'est pas maintenant, mais un temps ultérieur, un lendemain, un futur. A caractère marchand, on s'en sert pour échanger des informations, ou augmenter un capital: dans la ville, la fonction primordiale du véhiculaire est de communiquer.

A ces deux catégories fonctionnelles des langues, vient s'ajouter une troisième, la langue qui sert de référence culturelle, celle qui véhicule la culture, pas nécessairement écrite mais, très souvent orale surtout en zones rurales: le référentiaire. Après le village, après la ville, le référentiaire trouve son univers dans le cosmos, son espace appartient à un ailleurs qui n'est plus ni ici, ni partout (dans la ville) mais là-bas. Ni au présent, ni dans le futur, son temps est dans un passé qui a eu lieu jadis. Le référentiaire, comme son étymologie l'indique, fait référence à la culture ou aux cultures d'une personne participant de plusieurs cultures, regroupe souvent ce qu'on a tendance à qualifier de langues nationales, celle des différentes cultures de la nation, et peut donc posséder plusieurs composantes[25].

Enfin, la quatrième catégorie de langue relève du monde mythique ou sacrée. La langue du texte religieux est une langue qui fait appel à une force suprême, à un esprit dont elle est l'émanation et dont elle traduit la parole sacrée. Son espace n'est ni notre monde actuel, ni l'univers, mais se trouve au ciel. Son temps n'est ni maintenant, ni dans un passé, ni remis à plus tard, mais un temps éternel.

Après avoir brièvement présenté les grandes lignes de la théorie d'Henri Gobard, nous allons comparer la situation de la langue française dans l'Hexagone avec sa situation en Algérie afin de montrer la complexité du contexte maghrébin. Ceci nous permettra d'expliquer pourquoi il arrive souvent à un observateur occidental, familier de l'Algérie par exemple, de faire des "sauts" d'argumentation et des suppositions simplistes qui peuvent mener et

---

25. Il faudrait distinguer le bilinguisme, ou le trilinguisme de la personne qui possède une double culture ou une triple culture. Car on peut parler français sans être au courant de la culture française, tout comme on peut parler farabe et être ignorant de la culture du Moyen-Orient qui elle est véhiculée par (dont le vernaculaire est) l'arabe oriental.

qui ont mené à des résultats contestables, et pourquoi les intellectuels maghrébins continuent à produire leur littérature en langue française.

Situation de la langue française

Au moyen-âge, la France possédait une multitude de langues vernaculaires, parmi lesquelles le français, langue considérée alors par certains puritains partisans du latin comme un "dialecte bâtard". Aussi, le véhiculaire était le latin, le référentiaire le grec, et le mythique, l'hébreu. Suite à "la décision historique de 1580[26]," le français langue vernaculaire écrite alors par beaucoup d'écrivains et d'intellectuels du seizième siècle[27], prend la place du latin comme langue véhiculaire. Ce dernier rétrogradait en troisième position référentiaire, et poussait à son tour le grec en position de mythique, l'hébreu devenait la langue sacrée d'une minorité religieuse. Au dix-huitième siècle, il existait toujours une multitude de langues et de patois locaux. Toutefois, le français qui s'était imposé comme langue véhiculaire, menaçait le latin référentiaire[28], alors que le grec[29] mythique disparaissait lentement.

Suite à la politique d'enseignement obligatoire proclamée à la fin du XIXème siècle, le français allait passer de la situation de langue véhiculaire et référentiaire, à celle de langue vernaculaire de la majorité de la population. Comme le souligne Gobard: "le véhiculaire se veut universel et tend à détruire les langues vernaculaires quelles que soient leurs proximités sociologiques"(36) [. . .]. A l'exception de poches bretonnes, basques ou corses, la fin du XXème siècle est marquée par la victoire complète du français qui occupe, pour la majorité des citoyens français, la composante vernaculaire, et la victoire définitive pour le véhiculaire, le référentiaire et même le mythique. Du moyen-âge au XXème siècle, il n'aura fallu pas moins de cinq siècles pour que le français s'impose comme véhiculaire et référentiaire. Or, cette victoire ne s'est faite ni du jour au lendemain ni dans le désordre. En effet, au commencement, le français était la langue vernaculaire d'une partie de la population et pourrait être mis au même niveau que le farabe ou le berbère. Même s'il était considéré "vulgaire", il possédait donc à l'origine un support locutoire, était parlé dans le vécu. Parce qu'outil de travail d'écrivains, de poètes et même de commerçants, il a naturellement occupé la seconde position véhiculaire, puis avec le temps, la troisième, le référentiaire. Jusqu'à la fin du XIXème siècle, le latin survivait

---

26. Qui déclare la langue française langue "nationale" ou véhiculaire.
27. Tels que Montaigne, Ronsard, et avant eux Villon au quinzième.
28. Du fait de l'héritage jacobin.
29. Au dix-septième siècle, la dimension grecque était omniprésente dans ce qu'on appelait l'âge classique.

encore, dans beaucoup d'édifices religieux, en tant que langue mythique. Il faudra attendre le XXème siècle pour voir le français occuper le dernier bastion liturgique. Si le français s'est imposé comme la langue de la nation, il l'a fait d'abord parce qu'il était la langue des échanges économiques (véhiculaire) et culturels (référentiaire): il s'est fait du bas, parlé du peuple, vers le haut celui du pouvoir. La langue française n'était pas, à l'origine, la composante mythique!

Cas de la langue française en Algérie

Plus pour des raisons de lutte pour le pouvoir, afin d'éliminer les factions dissidentes et museler les intellectuels, que pour des considérations culturelles et pédagogiques, et encore moins d'authenticité, le gouvernement de Ben Bella, puis celui de Boumédiene, déclara "l'arabe" la seule langue nationale, omettant de préciser que c'était du classique et non du farabe qu'il s'agissait. A l'indépendance de l'Algérie, à l'exception d'une infime minorité d'antellectuels arabistes formée en Egypte[30], l'écrasante majorité des intellectuels algériens étaient le produit de l'école coloniale française[31]. Ils avaient, malgré eux, adopté ses valeurs républicaines, une certaine manière de raisonner, voire de penser, qui étaient précisément l'opposé de l'école "arabe" d'Egypte ou de Damas. Grandguillaume précise que

> [. . .] le système maghrébin avait été conçu dans le cadre de la pédagogie française, à base d'éveil critique, d'observation et participation active de l'enfant. Par contre les enseignants orientaux étaient imprégnés de la pédagogie arabe traditionnelle, dans laquelle le savoir est moins découverte que transmission d'un dépôt [. . .] le modèle implicite étant la mémorisation du Coran, qui constituait depuis des siècles la phase initiale de tout enseignement (21).

On est passé de l'école laïque républicaine où régnait la raison, la rigueur et l'esprit critique, à l'école religieuse où l'on questionne peu car il faut réciter, notamment un texte religieux du VIIIème siècle. De plus, du point de vue de la fonction des langues, on pouvait compter trois langues vernaculaires: le farabe, le berbère et même le français, notamment pour les enfants de couples mixtes, d'immigrés ou d'algérois dits francisés. Il faudrait préciser que de ces trois vernaculaires, seul le français est une langue écrite, langue qui permettait donc la diffusion de l'information économique, scientifique et culturelle. De

---
30. Parmi elle, Ahmed Taleb Ibrahimi, Mouloud Kassim, Abdelhamid Mehri, responsables de la politique d'arabisation (en classique), et Houari Boumédiene, lui-même lettré en arabe classique d'Egypte.
31. Voir Jean Lacouture, "Ce défaut français" *Esprit*, Nov. 1962: 775–782.

par ce privilège que lui donnait sa situation de langue écrite, elle devenait aussi un des référentiaires des intellectuels algériens. La langue véhiculaire et référentiaire du peuple pouvait être le farabe ou le berbère.

Rappelons que l'arabe classique n'était le vernaculaire d'aucun Algérien, ni Maghrébin, encore moins le véhiculaire, rarement le référentiaire du fait de l'analphabétisme du peuple, mais qu'il était la langue du Coran, c'est-à-dire la composante mythique. Arabiser, c'est-à-dire "rendre arabe ce qui ne l'est pas", signifiait dans un premier temps, chasser la langue française, en faisant appel à des coopérants arabistes du Moyen-Orient, souvent baathistes lorsqu'ils n'étaient pas islamistes. Mais, comme l'explique Grandguillaume:

> Ces enseignants orientaux, majoritairement Egyptiens à l'origine, avaient l'habitude dans leur pays, de recourir à leur propre langue dialectale comme langue orale d'enseignement. Or, ces dialectes étaient incompréhensibles pour les enfants maghrébins, qui de plus avaient tendance à identifier cette langue avec l'arabe classique. D'autre part ces enseignants ne pouvaient s'exprimer en dialectes arabes du Maghreb et encore moins en berbère. Comme la presque totalité ignorait le français (langue généralement connue des élèves), il ne restait comme langue de communication que l'arabe classique: d'utilisation orale malaisée et insolite pour les enseignants, de compréhension quasi nulle pour les élèves. La situation était encore compliquée par le fait que, même dans l'utilisation de la même langue arabe classique, la prononciation, l'accent tonique et l'accent de la phrase varient nettement entre les registres linguistiques orientaux et maghrébins (21).

Pour schématiser cette situation abracadabrante, de l'autre côté de la Méditerranée, comme si un jour pour "latiniser" les Bretons et les Corses, on a d'abord importé des coopérants Italiens venus de Naples ou de Sicile, sans formation pédagogique. Comme ces Italiens ne parlaient pas le latin de la Bible, ils se sont mis à enseigner non point le latin ni même l'italien mais leurs vernaculaires napolitains ou siciliens que les élèves prenaient pour du latin. Faut-il alors s'étonner que la révolution culturelle "d'arabe classiquation" ait échoué en Algérie malgré plus de trente ans d'effort et des milliards de dollars dilapidés? A propos, on pourrait se demander qui, dans de pareilles conditions, fait marcher tant bien que mal l'Algérie, aujourd'hui complètement délabrée? En comparant ce chemin avec celui suivi par la langue française depuis le moyen-âge, on peut remarquer qu'au lieu de remplacer le mythique (latin) par le vernaculaire-véhiculaire (français), on a suivi la route suivante: en Algérie, on a voulu remplacer les vernaculaires farabe-berbère, le véhiculaire français et les référentiaires farabe-berbère-français[32], par une seule langue mythique, l'arabe

---

32. Car les Algériens sont un mélange de toutes le cultures qui se sont succédées en Afrique du Nord, y compris la culture française, et ceci que la politique du FLN le veuille ou non.

classique[33] à coup de décrets ministériels et par la force. Au lieu de passer de la première, à la seconde, puis à la troisième position, le gouvernement a voulu démarrer en quatrième vitesse, en proclamant et en comptant quatre, trois, deux, un. On a essayé de passer de la quatrième vitesse à la première, en sautant la seconde et troisième vitesse, et sans embrayage[34].

L'école de la haine

En 1993, peu avant son exil pour Tanger, dans un entretien avec une journaliste d'Antenne 2[35], Rachid Mimouni expliquait que c'était l'école algérienne qui fabriquait les tueurs du FIS, Front Islamique du Salut. Que leur apprend-on dans ces écoles complètement arabisées? Les trois quart des programmes d'histoire parlent du Moyen-Orient et de l'Arabie, du passé glorieux de l'Islam alors que le Maghreb et l'Algérie en sont presque absents. Dans les cours de "littérature arabe", c'est du délire: un véritable manuel d'introduction à l'intégrisme. Comme l'explique Waciny Larej:

> "Rien de littéraire dans un livre censé l'être, où la langue arabe devrait trouver essentiellement son espace humain d'expression de liberté. Tout est banni. Ni Najib Mahfoud, ni Taha Hussein dont on a soigneusement fait l'effort de ne pas citer le titre de son livre phare "La poésie anti–islamique" dans lequel il remet en cause le système de pensée arabe jugée trop archaïque, ni la belle poésie de Nizar Kabbani jugée certainement trop nue (c'est-à-dire trop belle), ni le théâtre de Alloula (jugé certainement trop algérien), ni Nedjma de Kateb Yacine".[36]

En guise de littérature, les élèves ont droit à de la propagande fascislamiste digne de Drieu La Rochelle ou de Céline. Quand aux cours scientifiques, l'absence de rigueur y est devenue légendaire. Faut-il s'étonner de se retrouver dans ces conditions dans un moyen-âge féodal de la haine? Faut-il s'étonner de voir des dizaines de milliers d'Algériens manifester contre l'école publique religieuse et pour l'école privée (française) laïque[37]? Mais dans ce "bled Mickey" comme disent les Algériens, où tout le système ne fonctionne qu'à l'envers, donnez aux zélateurs de l'arabisation le Sahara, ils s'arrangeront pour importer du sable saoudien.

---

33. Le comble de cette décision suicidaire est que le ministre de l'arabisation n'avait même pas de professeurs pour arabiser.
34. En décrétant l'arabe classique langue maternelle après l'indépendance, on a littéralement "coulé le moteur", économique et culturel.
35. *Envoyé Spécial*, "Silence, on tue", automne 1993
36. "L'empire de l'hybride," *El Watan*, 6 juillet 1998
37. Voir *Libération* n.2986, vendredi 28 décembre 1990, page 1-4.

Un second argument que l'on a avancé est que si la colonisation française n'avait pas eu lieu en 1830, "l'arabe" serait resté la langue des Algériens, c'est-à-dire la langue vernaculaire, du moins véhiculaire. Or, la réalité en est tout autre. Car, Alger en 1830 était sous la domination de l'empire Ottoman. On y parlait une multitude de langues vernaculaires, dont le turc par le pouvoir turque, l'arabe dialectal et le berbère, la langue véhiculaire n'était pas "l'arabe" (classique) mais aussi surprenant que cela pourrait le paraître, car on omet toujours de le mentionner, le turc[38]. Aussi, prétendre vouloir revenir aux sources d'avant la colonisation française en décrétant l'arabe classique langue non seulement vernaculaire mais aussi véhiculaire est une absurdité.

Entre les impures et la marâtre[39]: le cas des Algériens

Mais, ce problème de multilinguisme et de multiculturalisme n'est pas limité aux seuls Algériens, pourrait-on nous répondre: il faut juste faire un effort d'"intégration" pour s'arabiser. Si le problème des diglossies existe pour certaines minorités françaises ou américaines, il l'est rarement vécu comme un déchirement, car au maximum aurons-nous deux langues en compétition. Dans la mesure où les langues véhiculaires et référentiaires demeurent le français ou l'anglais, et que ce sont des langues écrites, l'assimilation de la langue étrangère par une minorité ethnique[40], se fait progressivement, assez rapidement et sans traumatisme.

Dans le cas d'un Maghrébin, notamment en Algérie, où la situation linguistique, en permanente mutation, est vécue quotidiennement et personnellement comme un déchirement, le choix n'est pas libre, mais forcé. Memmi l'avait très justement qualifiée de drame linguistique. Entre la maison, la rue, l'école, le discours officiel, la télévision, le travail, le bar, la mosquée, et le stade, l'Algérien moyen se sert d'un minimum de trois langues, entre le vernaculaire, les véhiculaires et le mythique, passant à longueur de journée d'une langue à l'autre. Il n'est pas étonnant que dans un pareil contexte, on rencontre beaucoup de cadres "illettrés bilingues" et toute une génération de mutants linguistique[41]. Dans le cas des travailleurs immigrés algériens à Paris et de

---

38. Yvonne Turin, *Affrontements culturels dans l'Algérie coloniale* (Maspero: Paris, 1971), p 36 et suivantes.
39. Les impures, seraient le farabe et le berbère, la marâtre, le français. Il semble que les impures ont été répudiées, la marâtre divorcée, pour une nouvelle "mère mythique", le classique.
40. Minorité dont le vernaculaire est une langue différente.
41. On rencontre beaucoup de jeunes bacheliers algériens qui sont encore illettrés, dans la mesure où il ne maîtrisent aucune langue même à un niveau élémentaire.

leurs enfants, ils n'écrivent ni le farabe, ni le berbère[42]. Ils sont donc obligés d'apprendre le français ou l'arabe classique, s'ils veulent communiquer non seulement avec un Français, un Sénégalais, mais parfois entre eux[43]! Pour apprendre une langue, au point de la maîtriser, surtout lorsqu'on est "analphabète bilingue"[44], il faudrait vivre dans un milieu où cette langue est réellement "utilisée", c'est-à-dire là où elle est la langue véhiculaire sinon la langue vernaculaire des gens. Mais *l'arabe est la langue nationale des Algériens*, comme se plaît à répéter le discours officiel pour maintenir la confusion. Peut-être, peut-être, mais cet "arabe" nationale que vous opposez au français, de quel "arabe" s'agit-il?

Pour qu'un ouvrier, ou un intellectuel, puisse rapidement apprendre une langue non vernaculaire au point de la maîtriser, la condition sine qua non est qu'elle possède un "support locutoire," qu'elle soit une langue véhiculaire sinon vernaculaire, c'est-à- dire vécue au quotidien. Ceci est le cas en Arabie, au Moyen-Orient, au Caire ou à Damas en ce moment, mais non dans les rues d'Alger ou d'Oran:

> M. Abdelmadjid Meziane, qui fut ministre de la culture de 1982 à 1986, après avoir été recteur de l'université d'Alger, confiera ses profondes convictions à un intime: "si par malheur, on opérait la moindre ouverture dans le domaine berbère, c'en serait fini de l'arabisation en Algérie. La langue berbère est une pratique de fait, son évolution est une question de moyens alors que l'arabisation (classique) n'est pas la langue du quotidien[45].

Après tout, on ne peut pas en vouloir à tous ces ouvriers et intellectuels maghrébins, de ne venir que d'Afrique du Nord, c'est-à-dire de la Méditerranée du Sud, et non d'Arabie Saoudite[46]. Après leur avoir fait réciter "nos ancêtres les Gaulois," on interdit le berbère, fait passer la vessie "classique" pour une lanterne "farabe", afin de chasser le français et de consacrer l'idéologie islamo-baathiste.

Le slogan du discours officiel peut se traduire par deux possibilités: ou bien l'arabe classique est la langue maternelle des Algériens, et donc le vernaculaire; ou bien, le farabe est la langue maternelle des Algériens. Comme la première possibilité est absurde, la question qui s'impose est la suivante: pourquoi est-ce

---

42. Car on ne le leur a pas appris à l'école et on refuse de le faire même aujourd'hui. Les langues vernaculaires (farabe et berbère) n'ont jamais été admises dans les programmes officiels.
43. Beaucoup de Kabyles ne parlent que le berbère ou le français. Beaucoup d'enfants de travailleurs immigrés ne parlent que le français.
44. Par opposition aux "bilingues lettrés" qui savent lire, écrire et produire dans deux langues.
45. Saïd Sadi, *Algérie, l'échec recommencé?* (Alger: Parenthèses, 1991) 293.
46. Les "sbirs" du pouvoir, les mercenaires de la plume sont envoyés faire des stages de formation "en classique," en Egypte, en Irak et en Syrie.

que le discours officiel refuse de préciser qu'il s'agit du farabe et dans quel but entretient-il la confusion : Grandguillaume a bien souligné l'enjeu véritable :

> Quelle classe réclame l'arabisation, quelle classe y a intérêt? En réalité les couches dominées réclament l'arabisation, en espérant qu'elle rétablira l'égalité des chances, tandis que les couches dominantes l'accordent en sachant que leurs enfants y échapperont, et qu'elle permettra de maintenir les enfants des autres classes en dehors de la compétition(36).

L'arabisation, telle qu'elle est donnée par le pouvoir au peuple, signifie élimination de facto des enfants du peuple des écoles "françaises" ou des établissements dispensant un enseignement en français. Cette sélection "naturelle" se traduit dans la vie concrète par une complète fermeture aux enfants du peuple de l'accès aux filières scientifiques telles médecine, vétérinaire, architecture, ingénieur, car ils n'ont pas le bon baccalauréat ou pas de bac du tout[47].

Pourquoi n'écrivez-vous pas "en arabe", demande-t-on encore aux Maghrébins? -Question éternelle qu'on a posée, qu'on pose toujours à ces écrivains, plus de quarante ans après la fin de la guerre d'Algérie[48] et qui a pour origine un quiproquo, une confusion entre langue maternelle et langue mythique. Comme la réponse qu'on reçoit n'est jamais satisfaisante, on a tendance à toujours répéter les formules toutes faites, déjà bien pensées, jamais remises en question. Complexe du colonisé, acculturation, ou encore: il est trop occidentalisé, il recherche l'assimilation, il refuse même de s'exprimer "en arabe". Aussi, allons-nous une bonne fois pour toute y répondre.

D'un point de vue vernaculaire, il est très difficile sinon impossible pour un intellectuel maghrébin de produire des oeuvres en arabe classique parce que l'arabe classique n'est pas une de ses deux langues maternelles. D'un point de vue véhiculaire, c'est encore la langue française qui demeure à la fois la langue des échanges économiques et celle de la production littéraire et scientifique de la majorité des intellectuels. De plus, le français demeure encore la langue "du gagne pain" qui permet de donner aux enfants du peuple la chance d'avoir accès aux filières scientifiques et économiques, et de sortir de la misère. D'un point de vue référentiaire, les cultures orales en farabe et berbère, et même en français toujours très présent en Algérie, font que la population mène une résistance sourde mais réelle face à "l'arabisation". Enfin, d'un point de vue my-

---

47. Sur 100 élèves scolarisés, seulement 4 arrivent à passer le bac.
48. Pendant qu'il était chef du département de français à Lawrence University, le professeur Gervais Reed m'a demandé un jour si j'étais capable de publier, enfin d'écrire "en arabe". Il fut surpris lorsque je répondis par le négatif, et fut plus étonné encore lorsque je lui appris que les Algériens parlaient des dialectes très différents de l'arabe classique qui était une langue étrangère pour eux! -Une langue étrangère, s'exclama-t-il! Dans l'affrontement entre mythes et réalités, le mythe semble hélas l'emporter le plus souvent.

thique, la majorité du peuple étant analphabète, l'usage d'un signifiant "arabe" unique fait que la confusion entre farabe et classique machiavélement entretenue par le pouvoir, donnent aux farabophones l'illusion qu'ils sont "arabophones" en classique. Cette illusion de parler "l'arabe" (classique), magistralement entretenue, alors que leur vernaculaire est "l'arabe" (farabe), ne les encourage guère à apprendre "l'arabe" (classique): pourquoi voulez-vous que j'apprenne à parler "en arabe" puisqu'à la maison, on parle déjà "l'arabe" parfois rétorque-t-on [49]? Le fait est qu'au Maghreb la modernité et le progrès scientifique sont encore véhiculés par le français. L'exclusion des enfants du peuple des filières scientifiques, où le savoir et l'enseignement de qualité est encore diffusé en français, n'est pas un accident mais le résultat d'une politique bien planifiée, basée sur leur exclusion à long terme. Le pouvoir voudrait que le peuple étudie mais juste assez pour comprendre les ordres et obéir. Appelé à être les "futurs dirigeants", les enfants de la nomenklatura vont dans des établissements francophones ou français: pas question de se mélanger au vulgum de l'école publique "islamo-baathiste".

Aussi, la réponse à notre question originelle devient toute simple: comme la langue vernaculaire, farabe ou berbère, n'est pas écrite, l'intellectuel n'a plus qu'une alternative, faire appel à une langue étrangère pour produire ses oeuvres, celle qu'il possède le mieux. Ceci se traduit dans la réalité par choisir la langue étrangère qui possède, elle même, un support locutoire, une tradition critique véhiculée par une avant-garde intellectuelle à majorité francophone. Parler la langue du peuple, c'est précisément ne pas s'adresser à lui en arabe classique mais en farabe ou en berbère. Refuser d'écrire "en arabe" classique, comme le préconisait Kateb Yacine, c'est précisément refuser de s'exprimer dans la langue mythique, d'ignorer et les intellectuels et la majorité du peuple analphabète. A la question suivante de Gafaïti:

> Qui dit culture, dit aussi langue. Chez toi, le choix de l'arabe parlé est-il politique, ou bien dû à des limites objectives parce que tu ne connais pas l'arabe classique (55)?

Kateb Yacine avait répondu:

> Ce sont des limites volontaires. *Je ne veux pas connaître l'arabe classique*. Si on prend la langue française par exemple, ce sont des poètes comme François Villon qui l'ont créée en la dégageant du latin. Qu'est-ce qui est resté de tout le fatras des écrivains de la Sorbonne qui écrivaient en latin? Rien! Ce sont plutôt des

---

49. Le "en arabe" désigne le classique, alors que "l'arabe" désigne le farabe. Remarquons que le signifié vient de flotter une nouvelle fois. D'où la difficulté à comprendre de quel arabe il s'agit et la nécessité d'utiliser une terminologie plus adéquate.

voyous comme Villon et Rabelais qui ont fait la littérature française, la langue française même[50].

Refuser de s'exprimer en arabe classique, produire en français, en farabe et en berbère, n'est pas une trahison. Les traîtres et les séparatistes ne sont pas Kateb Yacine, les berbérophones et les farabophones, mais, le pouvoir et ses arabistes, qui bercent le peuple de fausses illusions "en arabe" classique, pratiquent une sélection contre nature en orientant le peuple vers les sections "arabisées" sans débouchés, transforment la langue et l'ancienne école françaises en une chasse gardée pour leurs enfants afin de maintenir leurs privilèges.

Si on "arabise" dit-on, c'est pour retrouver ses sources authentiques, son "arabité"! Mais qu'est-ce que l'authenticité "arabiste" qu'on a souvent opposée à la francité? Si "être arabe" a été défini par un "ne pas être français," traduit concrètement par un vague arabo-islamisme, qu'est-ce que c'est que "ne pas être français"? Dans *Les nègres*, Jean Genet s'est demandé qu'est-ce qu'un noir? Nous allons nous demander, mais qu'est ce qu'un "arabe"?

---

50. Gafaïti 55. Souligné par nous.

CHAPITRE 7

NOUVELLES HYPOTHÈSES

La culture arabe qu'on leur sert aujourd'hui, toute tournée vers le passé et sans lien réel avec la culture proprement nord-africaine, ne leur apporte rien qui soit en mesure de les aider à vivre dans leur siècle. Ils ne la comprennent pas, ils ne la goûtent pas en dépit des efforts louables mais vains qu'ils déploient pour la rapprocher d'eux en lui donnant un vernis de modernité. Enfants de leur temps et de leur milieu, ils se sentent plus proches des auteurs qui s'expriment en arabe dialectal ou en berbère, voire des auteurs de langues européennes, que des brillants représentants de la culture arabe classique. Néanmoins, ils se plaisent à la revendiquer en attendant de pouvoir s'en dispenser (2245).

C'est ainsi que M'barek Redjala décrivait en 1973 l'attitude de certains arabistes, attitude qui a très peu changé plus de vingt cinq ans plus tard. Nord-africains et méditerranéens, leur référentiaire possède trois dimensions, le farabe, le berbère et le français. Ils utilisent le farabe et le français tout en les méprisant, sont très éloignés de l'arabe classique tout en le revendiquant, mais voudraient chasser le français tout en le gardant un peu pour leurs rejetons. Comment expliquer cette attitude, pour le moins qu'on puisse dire ambivalente vis-à-vis de la langue de Descartes?

Langue française et arabisation

Puisque le gouvernement a décrété l'arabisation comme cheval de bataille de sa politique de décolonisation culturelle, d'aucuns seraient tentés de penser que les ministres et autres membres du FLN qui ont promulgué cette politique seront aux premières lignes de la décolonisation culturelle. Par conséquent, ils donneront l'exemple en envoyant leurs enfants à cette école "en arabe". Or, la réalité en est tout autre. L'intellectuel Mostefa Lacheraf, membre du FLN originel, a dénoncé les membres de la nomenclatura, ces "bourgeois conservateurs farouchement arabisants et intégristes, qui mettent leurs enfants dans les établissements de la mission culturelle française et non dans les écoles de l'état, mais qui ne veulent pas que cela se sache"[1].

D'une part, le pouvoir décrète une arabisation de la société, de l'autre il fait tout pour "tenir" au français, et ceci comble de la contradiction, au nom d'une prétendue authenticité "arabe"? Mais qu'est-ce que c'est qu'être "arabe" pour un Algérien qui, mis à part la composante religieuse, a très peu sinon rien en commun avec l'Arabie Saoudite, le Koweit, l'Irak ou l'Egypte[2]?

Nous allons d'abord examiner cette notion d'"authenticité", exclusivement arabo-islamique telle qu'elle est pratiquée en Algérie, ainsi que la représentation "arabe" du Nord-africain, notamment en France. Ceci nous permettra de clarifier maintes contradictions et d'expliquer les multiples quiproquos qui persistent encore. Dans *Les damnés de la terre*[3], Fanon avait préconisé une authentique culture nationale, un véritable retour aux sources. Mais laquelle choisir lorsque la source se trouve sur des terrains qui possèdent plusieurs couchent millénaires et que cette source possède plusieurs origines? Fanon avait étudié la démarche de l'intellectuel colonisé, démarche qu'il avait divisée en trois étapes. La première, où période d'assimilation, voit l'intellectuel colonisé imiter les courants littéraires venus de la métropole, copier les modes vestimentaires et surtout se mettre à la dernière mode culturelle et intellectuelle. Avec le temps, l'intellectuel colonisé se retrouve pris au piège, se sent aliéné, déchiré entre maintes contradictions. Aussi éprouve-t-il le besoin de se libérer. Pour se débarrasser de ses nouvelles chaînes, il décide de retourner à ses "origines", à sa langue, au pays natal:

> Retrouver son peuple c'est quelquefois dans cette période vouloir être nègre, non pas un nègre comme les autres, mais un véritable nègre, un chien de nègre, tel que le veut le blanc. Retrouver son peuple c'est se faire bicot, se faire le plus indigène que possible, le plus méconnaissable, c'est se couper les ailes qu'on avait laissé pousser (161).

Mais le retour peut parfois être problématique, la route de l'exil originel, s'est effacée car les quelques repères qui existaient sur cette piste ont disparu. A l'image des intellectuels de la métropole, qui vivent en marge de la société, idéalisent le peuple et la masse ouvrière avec lesquels ils ont peu sinon pas de

---

1. Cité par Paul Balta, *Le Monde de l'éducation*, Décembre 1977, 35.
2. Jusque dans ses habitudes culinaires, l'Algérien moyen se nourrit de couscous, de pommes de terre et en moyenne de deux baguettes par jour. Au Moyen-Orient, le couscous est inexistant.
3. Chapitre intitulé "Sur la culture nationale", Frantz Fanon, *Les damnés de la terre* (Paris: La Découverte, 1987).

contact du tout, les intellectuels anciennement colonisés se rendent compte qu'eux aussi ont perdu les attaches qui les relient avec leur propre peuple. Ce retour est parfois vécu comme une déchirure:

> Cet arrachement pénible et douloureux est cependant nécessaire. Faute de le réaliser, on assistera à des mutilations psychoaffectives extrêmement graves. Des gens sans rivage, sans limite, sans couleur, des apatrides, des non-enracinés, des anges (159).

Lui qui avait cru voler, se trouve précisément dans la situation inverse, celle de devoir couper ces ailes qu'il avait lui-même tant oeuvrées à faire pousser. Il décide de rejeter tout son habit occidental, couvre son costume avec une djellaba, remplace son pyjama par une gandoura et ses chaussures en cuir par des babouches. Cette période de rejet, accompagnée de "nausée," est une tentative désespérée de retrouver n'importe quoi, tentative qui comporte elle aussi de nouvelles formes d'aliénations[4]. Si tous les chemins menaient à Rome, celui de l'exil ne ramène pas toujours à la maison. Car pour pouvoir retourner vers son peuple, encore faut-il que la route de l'exil qui lui a permis de s'éloigner existe toujours. L'intellectuel se rend compte qu'il a peu, sinon plus de contact, avec son peuple: "Comme le colonisé n'est pas inséré dans son peuple, comme il entretient des relations d'extériorité avec ce peuple, il se contente de se souvenir" (162). Après cette seconde période du "souvenir", Fanon passe à la troisième phase d'engagement révolutionnaire qu'il appelle période de combat. La mémoire qui lui fait défaut est mise de côté, il décide de ne plus dormir pour se rappeler, reste éveillé afin de réveiller son peuple. Mais que se passe-t-il une fois l'indépendance arrachée?

De l'assimilation au retour aux sources, du souvenir au combat, Fanon est mort avant l'indépendance de l'Algérie et n'a pas été témoin de la quatrième phase, celle du fleuve détourné, de la dépossession[5]. Car, l'intellectuel affranchi se retrouve après l'indépendance devant une nouvelle situation, ô combien problématique. On aimerait qu'il continue son engagement mais à l'intérieur d'une norme pré-établie par le pouvoir dominant. D'une part, on lui demande de chanter la grandeur du peuple, de défendre les acquis de la révolution, de dénoncer les "complots néo-colonialistes," le sabotage des impérialistes, de contribuer à construire l'homme nouveau, l'homme de demain. De l'autre, on réduit son aire de liberté, on le censure, on le met dans la marge, on l'accuse

---

4. A force de vouloir retourner à la source arabo-islamique, on a détruit les fondations de la société et de la culture traditionnelle. A force de vouloir dé-coloniser, on a importé l'islamisme colonisateur du Moyen-Orient, qui a finalement fini par coloniser à nouveau, plonger l'Algérie dans une nouvelle colonisation, c'est-à-dire dê(s)-coloniser l'Afrique du Nord.
5. Voir Albert Memmi, "La vie impossible de Frantz Fanon" *Esprit*, Sep. 1971: 248–273.

d'être un révisionniste, on confisque son outil de production intellectuelle, on interdit la seule langue qu'il maîtrise, celle de "sa" marâtre française. En ce qui concerne l'Algérie, comme le rappelait l'intellectuel Mostefa Lacheraf:

> Paradoxalement, les meilleurs militants ont utilisé la langue du colonisateur pour la retourner contre lui, alors que beaucoup d'arabisants intégraux ont été des collaborateurs, tour à tour partisans de l'assimilation et de l'autonomie interne[6].

La vérité, qui dérange et qu'on fait mine d'oublier, est que les arabistes et autres islamistes étaient des collabos du colonialisme! Ces intégristes de l'arabisation, antellectuels classiquophones souvent monolingues, comme M. Abdallah Cheriet, Abdelkrim Belkhadem, Othmane Saadi[7], exégètes du pôle dominant, vont s'auto déclarer unique détenteur de la personnalité algérienne. Par une étrange ironie du sort, l'intellectuel va s'en aller, tête basse, une nouvelle fois humilié, quémander asile chez l'ancien colonisateur. C'est une nouvelle fois le chemin de l'exil, le cahier d'un retour au pays fatal, vers cet occident qu'il avait tant, dénoncé, combattu, rejeté. De brillants intellectuels, parfaitement bilingue français-arabe, certains comme comme Jamal-Eddine Bencheikh détenteur d'agrégation en arabe classique, se retrouveront forcés de partir à la fin des années soixante[8]. D'autres comme Waciny Larej, pourtant écrivain arabophone, se verront censurés, mis sur le banc de touche au profit d'antellectuels officiels comme monsieur Tahar Ouattar[9], un des rares à pouvoir faire son marché en pleine période de guerre civile, sans être iniquité. Fanon n'avait pas prévu cette période d'assimilation à rebours, ce tragique dernier acte, cette répétition de l'histoire où, banni par les siens, l'intellectuel cherche refuge chez cet occident anciennement colonisateur[10]. Dans sa préface à l'ouvrage de Fanon, Jean-Paul Sartre soulignait que le colonisateur n'avait pas lu Hegel. On pourrait ajouter aujourd'hui que les gouvernements

---

6. Cité par Paul Balta, *Le Monde de l'éducation* 39.
7. Le premier est le chantre de la politique d'arabisation sous tous les régimes FLN. Le second serait le père du code de la famille alors que le troisième président de l'APN est l'ennemi juré de tamazight, la langue berbère.
8. Voir Grandguillaume, pp 97–98.
9. Après l'assassinat de Tahar Djaout, monsieur Tahar Ouattar s'est distingué en déclarant publiquement que "la mort de Djaout est une perte pour la France et non pour l'Algérie". Sans commentaire.
10. Après l'indépendance de l'Afrique du Nord, presque tous les intellectuels dominés ont "choisi" de vivre en exil en France, de Memmi à Assia Djebar, et de Mammeri à Ben Jelloun. Alors que Kateb Yacine et Rachid Mimouni sont morts en exil, d'autres intellectuels en Algérie, notamment les partisans et promoteurs d'un état de droit, républicain et laïque, sont sur la voie de Salman Rushdie. Ils ont écopé de "fatwa", véritable condamnation à mort islamique, laquelle est il faut le préciser, sans appel. Depuis l'assassinat de Tahar Djaout en Mai 1993, des centaines d'intellectuels algériens, en majorité francophones, ont été physiquement éliminés.

décolonisateurs ont eux aussi omis de le lire. C'est cette dialectique, celle d'un occident paraître rejeté, naguère combattu, chez qui beaucoup et non des moindres, vont se faire soigner et chercher refuge, que beaucoup d'intellectuels francophones sont en train de revivre. A force de vouloir retourner aux sources "authentiques", on n'a jamais réussi à dépasser ce stade primaire du "souvenir". On ne s'est même pas souvenu correctement, car si on a remonté le fleuve du passé, on s'est arrêté au VIIIème siècle et on y a bloqué la pendule. Comme le souligne Omar Aktouf:

> Où est la politique culturelle algérienne, sinon dans un vague "arabo-islamisme" affirmé, claironné et imposé sans questionnement ni réflexion. Où est donc notre culture arabo-islamique? Dans les innombrables bars où s'entassent, pêle-mêle, véritable bétail humain, des dizaines de paumés au mètre carré, à la recherche de je ne sais quelle fuite aussi dégradante que ruineuse? [...] A l'autre extrémité il y a la mosquée. Ils sont légions les Algériens à osciller périodiquement, à sombrer, devrais-je dire, du bistrot au minaret et du minaret au bistrot. Hier soûlographe assidu, aujourd'hui musulman ardent (98).

On interdit la vente de l'alcool, on ferme les bars pour les remplacer par des mosquées, où "le trafic et la consommation de la drogue, l'élimination physique de tout adversaire sont déclarés licites"[11]. Créer une authenticité est une belle aventure, seulement elle ne peut se réaliser sur un terrain mythique ni être bâtie sur des sables mouvants. Retourner aux sources "arabes" est une noble entreprise, mais lesquelles, celles des colonisés aux langues berbère et farabe, impures mais authentiques ou bien celles du mythique arabo-saoudien? Comment comprendre les maints signifiés souvent contradictoires de l'unique signifiant "arabe": l'arabe Saddate ou l'arabe Saddam, l'arabe Hassan ou l'arabe Ben Bella, le roi du Koweit ou bien ses "sujets arabes", l'arabe "bon nègre" ou l'arabe "bougnoule", les colonisateurs saoudiens ou les colonisés maghrébins? Afin d'y répondre nous allons examiner les différents signes, signifiants et signifiés, de "l'Arabe", le Nord Africain.

Représentations du Nord-Africain: le bougnoule

Carrefour entre trois continents, l'Afrique du Nord se retrouve comme l'enfant de plusieurs civilisations, une enfant naturelle toutefois. Africaine, elle est située à l'extrême nord du continent. Méditerranéenne, elle est en face de l'Espagne, de la France et de l'Italie, de l'autre côté de l'Europe. Maghrébine, c'est-à-dire à l'ouest de l'Egypte, elle reste très éloignée du

---

11. Boudjedra, *FIS* 49.

Moyen-Orient mais demeure artificiellement rattachée à un monde arabe mythique qui se trouve en Asie et la considère comme étrangère fille bâtarde encore francisée[12]. Autant la littérature française a loué ses richesses, autant elle a ignoré ses habitants, reléguant par moment ces indigènes au rang de colonisés interchangeables, voire d'animaux domestiques. Plus de quarante ans après la fin de la guerre d'Algérie, les mythes persistent encore tant le discours a très peu changé.

Nous allons tenter d'expliquer la série de représentations de "l'arabe", cet habitant d'Afrique du Nord: Berbère, musulman[13], Algérien, mais aussi indigène, raton, et surtout bougnoule. Ensuite, à partir du slogan "les Arabes dehors", banalisé par le Front National, nous tenterons de démystifier cette représentation du signifiant flottant "l'arabe". Enfin, en prenant la représentation littéraire de "l'arabe" dans *L'étranger* de Camus, nous montrerons que ce signifiant est synonyme de "minorité", telle noire, et même juive pourtant habituellement présentée dans les médias comme un rival ou un ennemi, et nous ferons des suggestions quand au futur usage et traduction anglaise de ce terme. Auparavant, un bref aperçu historique des divers colonisateurs s'impose.

Des Romains aux Islamistes

Les premiers habitants de l'Afrique du Nord s'appelaient les Imazighens en berbère, c'est-à-dire les "hommes libres". Ils parlaient le tamazight, portaient le burnous[14] et se nourrissaient d'une "poudre blanche", le secssou[15]. Parce que région très fertile, elle va être l'objet de convoitises de maints colonisateurs: d'abord les Phéniciens et les Carthaginois, suivis par les Romains, les Vandales, les Byzantins, les trois dernières conquêtes étant les plus importantes, les Arabes, les Turcs et les Français. Il faudrait souligner que la désignation des colonisations par leur peuple ancien, notamment le terme "les

---

12. En réalité, les "Arabes" du Moyen-Orient ne considèrent pas ces Nord-africains, notamment les Algériens, qui ne savent même pas encore parler "l'arabe" comme des arabes mais comme des berbères ou... des franc-arabes.
13. On désigne par musulman, tous les Nord-Africains, sans se préoccuper s'ils sont croyants et pratiquants, s'ils sont seulement croyants, s'ils sont mécréants ou s'ils appartiennent en une autre religion que l'Islam. Parmi les croyants, il y a les démocrates, les libéraux, les laïcs, les conservateurs, les puritains, et les islamistes. Pour ne considérer que le FIS algérien par exemple, il y a au moins une douzaine de tendances, à l'image des groupuscules de l'extrême droite européenne.
14. Du berbère varnous, emprunté puis adopté par les Romains qui en firent la toge.
15. Qu'est-ce que c'est que ce "sec-ssou" qu'ils mangent? En inversant les lettres de ces deux syllabes, on obtient ces-ouss, déformé qui donne ces-couss, ou encore couscous. D'où vient le mot merguez, de sandwich "merguez frites"? Erguez, ou arguez, veut dire l'homme en kabyle et "M" comme ; aussi "M-erguez" signifie comme un homme. Ni le couscous, ni la merguez, ni le varnous (burnous), n'existent ni dans l'arabe classique, ni au Moyen-Orient et encore moins en Arabie-Saoudite.

Arabes" est problématique dans la mesure où ce même signifiant désigne à la fois les colonisateurs d'antan, et les habitants de l'Algérie et du Maghreb d'aujourd'hui. Il prête non seulement à confusion mais encourage l'oubli ou encore "le saut simplificateur"[16] que font les experts. S'il est facile de dénoncer le colonisateurs français, il n'est pas pratique de parler de colonialisme "arabo-islamique" et encore moins arabes sans se faire accuser de berbériste, de séparatiste kabyle, de révisionniste et surtout de "parti de la France". Comme l'explique l'ancien membre fondateur, secrétaire général du FLN, Mohamed Harbi:

> Sanctuaire de la pauvreté, la Kabylie exporte pour survivre ses hommes en France et à l'intérieur de l'Algérie. Dans les régions de plaine et dans les villes algériennes, ils sont souvent confrontés à une habitude de méfiance et de mépris qu'on nourrit à leur égard à cause de leur position sociale et de leur différence. Nationaliste face aux Français, le Kabyle se découvre régionaliste face aux Algériens arabophones même si par la force des choses, il reste unitaire. Aux différences très sensibles dans le genre de vie, s'ajoute en Kabylie le fait linguistique, la résistance du parler berbère à l'arabisation et l'existence d'une littérature orale très vivante[17].

A ces précisions, il faudrait aussi mentionner les traditions démocratiques des villages kabyles[18],

> "leur farouche volonté de liberté et d'indépendance, l'attachement à leur traditions et la conviction de récupérer par les armes ce qui est accaparé par les armes"[19].

De plus lorsque l'on évoque le passé "arabe" de l'Algérie, et qu'on parle de la conquête arabe de l'Afrique du Nord, on omet toujours de mentionner que les ancêtres berbères se sont constamment révoltés contre l'envahisseur "arabe" même si, paraît-il, les Berbères les ont accueillis à bras ouverts[20]. Certes, il y a eu un mélange de population, mais ce ne sont certainement pas les berbères et

---

16. Qui consiste à assimiler le farabe au classique.
17. Harbi, *Le FLN, mirage et réalité* 60.
18. Qui ne possèdent pas de chef du village mais une assemblée de sages, qui votent à main levée, démocratiquement, depuis des millénaires. De plus, en Kabylie, les femmes ne portent pas de voile. Elles circulent librement et sont protégées par un code d'honneur très efficace où la mise à l'écart, le bannissement et la vendetta sont encore de rigueur. On pourra consulter *Esquisse d'une théorie de la pratique* de Pierre Bourdieu.
19. Ouerdane 37.
20. C'est une version, parmi maintes versions officielles, encore répétée en Algérie. Heureusement pour le pouvoir, que le ridicule ne tue pas. Les évènements du "Printemps noir" 2001 sont là pour le lui rappeler.

les berbérophones qui sont minoritaires mais bien les "arabistes" et les "arabo-classiquophones". Du point de vue des origines, le pourcentage des "Arabes" de la population totale est précisément la minorité, comme l'a si bien rappelé Belvaude:

> En, effet, dans la mesure où les historiens évaluent à moins de 10% (2 à 10%) de la population totale la population d'Arabes installée en Algérie au temps de la conquête musulmane- même si l'on ajoute les Andalous d'après la Reconquista et les Turcs et les Koulighlis de l'époque Ottomane- il est évident que dans la fusion arabo-berbère qui s'est opérée la base majoritaire amazigh en a fait fortement marqué la religion et la culture dont l'usage s'est imposé[21].

Il est donc permis d'estimer le pourcentage de la population d'origine berbère à plus de 80%. Mais nous dira-t-on ce n'est pas au niveau ethnique mais linguistique, que les Arabophones sont la majorité. Lesquels, devons-nous répondre, les farabophones ou les classiquophones? Après l'indépendance, lors du premier recensement de la population, les enquêteurs posaient la question suivante: "parlez-vous l'arabe?", sans préciser si c'était du farabe ou du classique. Les réponses affirmatives furent officiellement évaluées à 80% "d'arabophones" pour 20% de berbérophones. A l'image des élections, les dés étaient pipés dès le départ, car un questionnaire objectif aurait du poser les questions suivantes:

1 parlez-vous le farabe?
2 parlez-vous le berbère?
3 parlez-vous l'arabe classique?
4 parlez-vous le français?[22].

Pourquoi donc, cet "oubli" constant, qui ne fait que pérenniser une certaine politique de l'autruche, fausse le débat et détourne les énergies vers des questions futiles? Pourquoi ne pas clarifier le contexte une bonne fois pour toute?

Il faut être réaliste et ne pas demander au colonisé nord-africain "arabe", d'utiliser le signifiant "arabe", pour rejeter l'envahisseur arabo-islamiste qui lui même se dit"arabe". Comment voudrait-on que quelqu'un à qui on a prêché depuis la naissance qu'il est "arabe", sans jamais définir ce terme, qu'il parle "arabe" sans jamais préciser quelle langue, qu'il est "arabo-musulman"

---

21. Catherine Belvaude, *L'Algérie* (Paris: Khartala, 1991) 211.
22. S'il y a 20% de Kabyles, chiffre officiel bien en deçà de la réalité, il n y a pas 20% de berbères. En réalité, en comptant "la diaspora kabyle", il y a au moins 25% de Kabyles, plus de 40% de berbérophones, pour plus de 70% de farabophones. Si le pourcentage des francophones est d'au moins 50%, quel est donc celui des "classiquophones", notamment les zélateurs de l'arabisation? N'est-ce pas eux la minorité, qui sème la zizanie.

sans jamais définir les différences entre les rites, rejette l'arabo-islamisme? Ne se sentirait-il pas injustement accusé de se renier, lui qui après tout, est un musulman sincère et n'a jamais été que l'éternel colonisé. Aussi, dans le même esprit de clarification qui voudrait que notre étude demeure objective, nous allons tenter de décomplexer l'usage des termes. Pour cela, nous proposons de désigner les colonisateurs non pas par leurs "peuples", mais par leur pays d'origine. Au lieu de dire les Romains, nous dirons la colonisation qui venait de Rome, dans l'actuelle Italie, et au lieu de dire les Arabes, nous dirons la colonisation qui venait d'Arabie-Saoudite. Décoloniser signifiera renvoyer tous les colonisateurs chez eux, sans exception, le colonisateur qui venait d'Italie, d'Arabie-séoudite, de Turquie, de France et à nouveau islamiste d'Arabie-Séoudite, du Soudan ou d'Iran[23].

Représentations des Nord-Africains: "l'Arabe" et son image

Les premiers habitants de l'Afrique du Nord furent baptisés berbères par les colonisateurs romains qui considéraient "barbare" tout ce qui était étranger à leur civilisation. Suite à l'invasion musulmane du VIII siècle, les Maghrébins qui conquirent l'Espagne furent appelés les Arabo-berbères, ou encore les Maures. Colonisée par les Turcs jusqu'en 1830, cette même population devient subitement "les Arabes" dès le début de la colonisation française. Dans son projet de déshumanisation, le colonialisme français va désigner tout indigène sans distinction par le signifiant "l'arabe". Mais que représente-t-il dans la littérature française, un nord africain, blanc, noir, arabe, juif ou tout simplement le colonisé? Y a-t-il une différence entre "l'arabe" de Camus, et l'expression anglaise "the Arab"? Quel est le véritable signifié du signifiant "l'arabe"?

Au sens littéral on dit "Arabe" pour quelqu'un qui est originaire ou qui habite l'Arabie, ce qui n'est précisément pas le cas de la majorité des Maghrébins. Au sens figuré, le mot prend une connotation péjorative; le *Larousse* du XIXème siècle en donnait la définition suivante:

"usurier, homme dur en affaire. Comment, diable! Quel juif, quel arabe est-ce là ?"

Avec le code de l'indigénat de 1865, il devient "sujet" français, euphémisme pour esclave. Cinq ans plus tard, les indigènes de confession judaïque[24] sont

---

23. L'islamisme algérien est financé et entretenu, en grande partie par l'Arabie-Saoudite qui se voit concurrencée par l'Iran. Tout comme on avait assisté pendant la guerre froide à la lutte entre les communistes soviétiques et chinois. Il semble que le virus totalitaire n'a fait que se muter.
24. Dont la majorité était d'origine judéo-berbère, et descendait de la Kahéna. Consulter Didier Nebot, *La Kahéna reine d'Ifrikya* (Paris : Anne Carrière, 1998).

promus citoyens français par le décret Crémieux de 1870. Pourtant, beaucoup garderont leur particularité nord-africaine. Comme l'explique Memmi:

> "Leur judaïsme signifiait se faire éteindre (la lumière) par Boubaker, manger du couscous le vendredi! Encore, si la bible prescrivait le couscous"[25].

Vingt ans plus tard l'Affaire Dreyfus, suivie du gouvernement de Vichy, leur ont rappelé qu'ils restaient encore des juifs indigènes:

> "ces éternels candidats hésitants et refusés à l'assimilation . . . vivent ainsi une pénible ambiguïté; refusés par le colonisateur, ils partagent en partie la situation concrète du colonisé, ont avec lui des solidarités de fait[26].

Et, Comme le souligne Pierre Nora:

> Les colons vont entretenir chez les Arabes leurs propres sentiments antisémites, par conviction et par tactique, volontairement et involontairement, par manœuvre de diversion et par hideur d'âme[27].

Au Maghreb, "l'Arabe" représentait d'abord l'indigène colonisé, qu'elle que soit son origine ethnique berbère, arabe ou juive. Il a le teint mate, sent mauvais, est misérable, analphabète. Il est difficile à décrire tant il est inconnu, anonyme, et seul. Mais, on sait le reconnaître à sa démarche, à son habit et surtout grâce à "l'image" qu'on a de lui. Sans doute le plus grand crime du colonialisme a été de produire, d'installer et de pérenniser dans l'imaginaire des gens cette:

> "image de l'indigène, qu'il a fabriquée de toute pièce comme une fausse monnaie. Une image, ce n'est pas bien méchant, c'est pourtant la pire forme d'oppression que l'homme ait inventée"[28].

Comme l'a si bien démontré Memmi dans son essai: "la colonisation fabrique des colonisateurs comme elle fabrique des colonisés"[29]. Et "l'arabe" va devenir l'allégorie même de cette fabrication, image que l'on retrouve dans la littérature, de *L'immoraliste* à *L'étranger*. Parlant de cette image qu'a crée le colonialisme, Jean Cohen écrit:

> Il faut pour la faire sentir faire appel à l'anecdote, à l'analyse du langage courant, à un amas de menus faits, de petits gestes, dont chacun est insignifiant mais dont

---

25. Memmi, *Statue* 164.
26. Memmi, *Portrait* 43–44.
27. Pierre Nora, *Les Français d'Algérie* (Paris: Julliard, 1961) 139.
28. Jean Cohen, "Colonialisme et racisme en Algérie" *Temps Modernes* Nov 1955, n 116, 581.
29. Memmi, *Portrait* 112.

l'ensemble constitue l'aspect profond du colonialisme, qui est celui d'un meurtre spirituel (580).

L'image du signifiant "l'arabe" va être à la fois un animal, et un objet, résultant en une effrayante créature. Né en 1907 dans un village de colonisation près d'Alger, Jules Roy, qui ne cachait pas sa sympathie envers les indigènes, confessait:

> Je crois que je les ai toujours vus chez nous, comme des bœufs, qu'on traitait bien, mais qui ne pouvaient inspirer aucune compassion.[. . .] Souffre-t-on de voir les bœufs coucher sur de la paille ou manger de l'herbe? [. . .] Ah! L'heureuse espèce! Ils faisaient leur prière, matin et soir tournés vers l'est. Les bœufs ne priaient pas et, sans doute, était-ce une supériorité des bœufs sur les arabes[30].

La nuit, le bœuf servira quelquefois de méchant loup pour faire peur aux petits enfants qui ne veulent pas dormir: "si tu n'es pas sage, j'appelle l'arabe[31]!"

Au fil du temps, "l'arabe" va cesser d'appartenir à l'espèce humaine; il s'est confondu avec l'image qu'on lui a fabriquée et dont on l'a couvert, image qui le rend indiscernable, le relègue et le maintient au rang de bête, voire d'animal nuisible. Comme l'explique Jules Roy:

> J'ai passé une partie de mon enfance avec ma mère, ma grand mère, mon oncle Jules et les Arabes. En ce temps là, on ne les appelait pas encore les ratons, mais les troncs de figuiers, sans doute parce qu'ils aiment s'asseoir au pied des arbres. Après la guerre 14-18, on commença à leur donner le nom de bicot[32].

Indigène colonisé, "l'Arabe" va avoir pour synonyme péjoratif, tronc de figuier, puis bicot, qui désigna à l'origine le soldat nord africain pendant la première guerre mondiale. Avec le gouvernement de Vichy et la propagande nazie, le bouc émissaire devient le juif, et la chasse aux juifs va devenir chasse aux rats, slogan qui sera par la suite recyclé chez l'indigène musulman traité de raton, et le pogrome des juifs va devenir ratonnade:

> A l'infériorisation économique s'ajoute donc l'arriération historique. A elles deux, elles ont fait l'indigène algérien, ce médiéval nostalgique en lequel le colon veut voir l'indigène en soi, l'arabe[33].

Le maure était un indigène, le noir était un indigène, et comme l'explique Memmi, le juif aussi:

---
30. Jules Roy, *La guerre d'Algérie* (Paris: Julliard, 1960) 171.
31. Nora 171.
32. Roy 17-18.
33. Cohen 583.

> J'étais indéniablement un indigène, comme on disait alors, aussi près que possible du musulman, par l'insupportable misère de nos pauvres, par la langue maternelle (ma propre mère n'a jamais appris le français), par la sensibilité et les mœurs, le goût pour la même musique et les mêmes parfums, par une cuisine presque identique[34].

S'étant confondu avec cette image dont on l'a vêtu, l'arabe est devenu un objet, un animal. Aussi a-t-il perdu depuis très longtemps sa qualité d'être humain comme l'atteste le langage:

> "Y avait-il d'autres témoins?" demande le juge. "oui, cinq: deux hommes et trois arabes"[35]. Ou encore: "C'était un arabe, mais habillé comme une personne" (584).

Dans les cours de français en tant que langue étrangère, on enseigne aux étudiants qu'il faut utiliser le vous formel pour le pluriel, avec les personnes âgées et les gens qu'on ne connaît pas, et le tu avec ses parents, ses amis, et ses animaux, son chien par exemple. On a omis de préciser qu'en colonie, aussi bien qu'en métropole, on tutoyait son chien, l'arabe et le nègre. Pierre Nora explique qu':

> "on s'adresse indifféremment à n'importe quel arabe qu'on tutoie sans distinction, car dit-on, c'est la seule forme verbale qu'il sache comprendre" (183).

Suite à la colonisation de l'Algérie en 1830, deux zones exclusives furent créés: celle des "Européens" colonisateurs et celle des indigènes colonisés:

> La ville du colonisé, ou du moins la ville indigène, le village nègre, la médina, la réserve est un lieu mal famé, peuplé d'hommes mal famés [...] C'est une ville de nègres, une ville de bicots[36].

Ce n'est pas par hasard que Fanon agence nègre et bicot, car l'un n'est que le synonyme de l'autre. Dans *Peau noire masques blancs*, il citait son professeur antillais:

> "Quand vous entendez dire du mal des juifs, dressez l'oreille, on parle de vous [...] J'ai compris qu'il voulait dire qu'un antisémite est forcément négrophobe"[37].

"L'arabe" a pour signifié bougnoule, le bougnoule est signifiant péjoratif de nègre, et le négrophobe étant antisémite, le juif aussi est considéré comme bougnoule.

---

34. Memmi, *Portrait* 18.
35. Cohen 584.
36. Fanon, *Damnés* 28.
37. Fanon, *Peau noire* 98. Il s'agit d'Aimé Césaire.

Mythe vs. Image

Que signifie le slogan et programme politique de l'extrême droite, "les Arabes dehors"? Une traduction hâtive nous donnerait en anglais: "Arabs out" ou encore "Out with the Arabs," les noirs et les juifs n'étant pas inclus. Ceci est faux, car "l'arabe" en français n'a pas le même signifié que "Arab" ou "the Arab" aux Etats-Unis. Une traduction plus juste serait celle de "Bougnoules dehors". Mais comment traduire le mot bougnoule en anglais? Lorsque Le Pen et le Front National parlent des "Arabes", quels en sont les signifiés? Afin d'y répondre, nous allons introduire le concept de "Arab myth" ou mythe arabe. Ensuite, nous comparerons ce mythe avec "l'image" de l'arabe.

Aux Etats-unis les Arabes que l'on connaît, ou pensent connaître à travers les médias, viennent dans l'écrasante majorité du Moyen-Orient et des pays du Golfe et non d'Afrique du Nord ou de l'Ouest. Du fait des conflits quasi permanents, notamment entre Israël et ses pays voisins, les médias on tendance à constamment mettre dans un même sac, sans distinction, tous les "Arabes". En Amérique du Nord, ils sont Saoudiens, Kowétiens, Egyptiens, Palestiniens et parlent des langues très proches de l'Arabe moderne, un arabe oriental. Le mythe de "the Arab" est synonyme de pétrodollars, de richesse fabuleuse, bien décrit par Jack Shaheen dans *The TV Arab:* " Veils, sunglasses, flowing gowns and robes, oil wells, limousine and /or camels"[38].

C'est-à-dire "voiles, lunettes de soleil, des robes de chambre et des kamis, des puits de pétrole, des limousines et/ou des chameaux". Et de terroristes! Précisons qu'aux États-Unis, on a tendance à percevoir les Arabes du Golfe, surtout Kowétiens et Saoudiens, comme des alliés alors que ceux du Moyen-Orient, surtout les Irakiens, comme des ennemis notamment depuis la guerre du Golfe[39]. D'un point de vue économique, le mythe est donc quelqu'un d'aussi riche sinon plus riche que l'Américain moyen, ou que le petit bourgeois français. Il a souvent fait des études, possède des diplômes et des intérêts étroitement liés aux multinationales. En France, "les Arabes" sont les Maghrébins, les Algériens venant en tête des boucs émissaires, dont la dernière vague d'immigration remonterait à la période d'expansion économique au début des années soixante. Traversant une période de sous-emploi,

---

38. Jack Shaheen, *The TV Arab* (Bowling Green State University Popular Press: Ohio, 1984) 4.
39. Dans l'imaginaire américain, il y a les "bons" Arabes comme le roi Hussein de Jordanie ou l'émir du Koweit et les "mauvais" Arabes comme Kadafi ou Assad de Syrie. Il y a le mauvais qui devient modéré, comme Yassir Arafat dans les années 90, et le bon qui devient mauvais comme Saddam Hussein depuis Desert Storm. Après la tragédie du 11 septembre 2001, la situation s'est encore compliquée. Comme en anglais, on a tendance à utiliser le terme "islamic" pour musulman, beaucoup de personnes ne font plus de différences entre arabe, musulman, islamiste et terroriste. A cause de leurs turbans et de leurs barbes, certains Sikhs, qui ne sont pourtant ni arabes, ni musulmans, ont été victimes de leur "look", de ce qu'on appelle en France le "délit de faciès" .

la France a fait appel à eux ainsi qu'aux Portugais, aux Italiens et aux Espagnols avant eux. Travailleur immigré par excellence, l'arabe est plongeur, balayeur, éboueur, manœuvre, fait les métiers les plus sales et les plus mal payés. Employé souvent illégalement, lorsqu'il n'est pas chômeur, il est de par sa condition sociale et sa situation économique, l'équivalent aux Etats-Unis, de l'ouvrier agricole mexicain de Californie ou du noir de Harlem. Dans l'imaginaire d'une grande partie de la population française, cette "image" de l'indigène colonisé est restée gravée, et joue encore le rôle de signifié. Les faits s'oublient vite mais les images restent. Comme l'a si bien dit Ben Jelloun: "on a oublié de décoloniser l'imaginaire d'une partie des français[40]," d'extrême droite. Une simple comparaison de "l'arabe" image, avec le mythe de "the Arab" révélerait des différences frappantes. Auparavant, nous allons introduire un nouveau concept, un type de signifiant aux signifiés contradictoires.

Tableau 1: L'Arabe vs the Arab

	L'Arabe image	Arab myth
Géographie	Afrique du Nord/Ouest	Moyen-Orient/ Golfe
Histoire	Colonisés	Colonisateurs du 8ème s.
Sociale	Immigrés / Prolétaires	Bourgeoisie
Langues parlées	Farabe / berbère / français	Arabe oriental
Civilisation	Blé (couscous)	Riz
Religions	Malékisme	Chaféisme/Hanbalisme

Dans une de ses conférences à l'Université Northwestern[41] sur le concept de nation, Michel Wieviorka expliquait que la gauche voyait la nation comme celle de la révolution française, et son héritage des lumières, des droits de l'homme, des intellectuels alors que certains penseurs d'extrême droite avait d'elle une vision raciste et antisémite. Wieviorka insistait sur le fait qu'en réalité, le concept de nation était "Janus", un dieu à deux têtes: d'un côté, il y a le bien, la liberté et les droits de l'homme, et de l'autre, le mal, le côté raciste et antisémite. En paraphrasant son analogie, nous aimerions introduire le concept de signifiant janusien, un signifiant dont les signifiés seraient à la fois la chose et son contraire. Si l'on regroupait la multitude de signifiés de l'unique signifiant "arabe" traduit par l'anglais "Arab", on obtiendrait le tableau comparatif 1.

---
40. Ben Jelloun, *Hospitalité française* 61. Nous avons ajouté extrême droite, pour éviter de généraliser.
41. Dans le cadre du NEH colloque pour les Humanités en juin 1995 sous la direction de Nelly Furman et de Françoise Lionnet.

Au niveau de la géographie, l'arabe "image" vient du Maghreb, c'est-à-dire, pays à l'ouest de l'Egypte, alors que "Arab" (mythe) vient du Moyen-Orient ou des pays du Golfe, qui sont eux à l'est de l'Egypte. D'un point de vue historique, "l'arabe" est l'éternel colonisé et ceci depuis les Romains, alors que "the Arabs" qui venaient d'Arabie ou d'Egypte au huitième siècle ont été les colonisateurs, relayés par aujourd'hui les islamistes pro-saoudien ou encore les baathistes pro-irakiens, qui veulent recoloniser l'Algérie. A un niveau économique, en France les Maghrébins sont encore dans la grande majorité les travailleurs immigrés par excellence, des prolétaires, même si quelques-uns ont réussi économiquement. Ce n'est pas le cas des "Arabes" du Golfe[42] ou du Moyen-Orient aux Etats-Unis, qui représentent beaucoup plus une bourgeoisie et même une certaine "noblesse" royale ou baathiste. A un niveau quotidien, dans sa famille ou dans la rue et au café, l'Arabe parle le farabe, le berbère ou le français, jamais l'arabe oriental. Par contre "the Arab" parle l'arabe oriental, très rarement le français, jamais le farabe qu'il ne comprend pas du tout et encore moins le berbère. Alors que le premier se nourrit de baguettes et de couscous, le second a une nourriture à base de riz. Néanmoins, les deux, "l'arabe image" et "the Arab myth", sont, pour la majorité, des musulmans qui sont hélas souvent associés à des intégristes et donc à des terroristes aussi bien en Europe qu'en Amérique du Nord[43].

"L'image" de "l'Arabe" en France est donc un prolétaire nord-africain, l'ancien colonisé, le travailleur immigré qui parle "l'arabe créole", un mélange de franco-arabo-berbère, ce farabe ou encore le berbère, se nourrit de couscous et de baguettes. Dans l'imaginaire américain, "the Arab myth" est un rentier, le patron, originaire d'Arabie ou du Moyen-Orient, qui s'exprime et publie dans un "arabe" oriental, assez proche du littéraire et dont la cuisine est à base de riz. Une simple comparaison montre que "l'image" de l'arabe maghrébin est précisément l'inverse du "mythe arabe" oriental, tel qu'il est perçu aux Etats-Unis ou en Angleterre. L'image de "l'arabe" représenterait Caliban l'esclave nègre d'*Une tempête*, l'éternel colonisé, alors que le mythe de "the Arab," un rentier, le patron, serait plus proche du maître Prospéro, ce colonisateur du siècle. Par conséquent, que ce soit d'un point de vue géographique, ethnique, économique, ou social, le signifié de "l'arabe image" est précisément, l'inverse, l'oppose du signifié "arab myth". On voit bien que la traduction du signifiant "arabe" par "Arab " en anglais est très discutable voire fausse. De plus, sans contexte, comment savoir si le signifié "arabe" désigne l'Afrique

---

42. Ceux qui ont des doutes là-dessus peuvent examiner les articles sur les travailleurs immigrés musulmans en Saoudie. Lors de l'opération "Tempête du désert," certains médias américains avaient faits une série d'articles assez controversés sur le traitement de ces ouvriers au Koweit.
43. Bien qu'il y ait des Arabes chrétiens et que les musulmans-arabes ne sont que 20% sur le 1,5 milliard de musulmans.

du Nord ou le Moyen-Orient, le colonisé ou le colonisateur, l'immigré prolétaire ou le patron bourgeois, le farabe, le berbère ou l'arabe oriental.

Traductions anglaises: L'étranger de Camus

Dans l'imaginaire d'un lecteur non familier avec le contexte colonial maghrébin, le signifié de "l'arabe" est l'équivalent du signifié de "the Arab", aberration que l'on retrouve encore aujourd'hui dans les traductions anglaises d'œuvres sur le Maghreb ou encore dans des interprétations de romans comme *L'étranger* de Camus[44]. Aussi, pour traduire le personnage littéraire de "l'arabe", le slogan "les Arabes dehors" et le discours d'extrême droite en général, il faut absolument remettre le signifiant "l'arabe" dans son contexte. Deux millions d'immigrés, donc "d'arabes" égalent deux millions de chômeurs, rappelle étrangement le slogan nazi "deux millions de juifs égalent deux millions de chômeurs[45]". Aux Etats-Unis, "les Arabes dehors" se traduirait par "bougnoules out". Mais comment donc traduire le signifiant bougnoule en anglais?- Certainement pas "Oreos out", peau noire masque blanc dehors.

D'origine wolof, en Afrique de l'Ouest, ce mot désigne ce qui est "gnoul," c'est-à-dire de couleur noire et n'a rien de péjoratif au Sénégal, tout comme negro ou negra en espagnol. Il a été utilisé comme synonyme de nègre pour humilier le noir, et fut ensuite étendu à tous les autres colonisés, arabe et juif, au début du siècle. On peut lire dans *Voyage au bout de la nuit*:

> "Il n'osait pas entrer le sauvage. Un des commis indigène l'invitait pourtant:
> "Viens bougnoule! Viens voir ici! Nous y a pas bouffer sauvage"[46].

Le bougnoule, est l'image de l'indigène nègre, non pas le bon nègre mais, comme dirait Fanon, le chien de nègre, sale, paresseux, et puant, antithèse même du bon sauvage de Rousseau. Cette image du bougnoule va avec le temps et les exercices militaires remonter jusqu'en Afrique du Nord, se superposer à celle du raton, du bicot et compléter celle de "l'arabe". L'arabe et le bougnoule deviendront signifiants interchangeables l'un pour l'autre, avec pour signifié tout indigène, d'origine berbère, arabe, juive ou noire, désignant par extension, tout non blanc. Ce n'est pas par hasard qu'à propos de Saint-Augustin, auteur des *Confessions*, François Mauriac a dit: "Saint-Augustin..., ce bougnoule[47]!" Comme l'a si bien défini Memmi dans ses portraits:

---

44. Notamment celle d'Edouard Said, contestable en beaucoup de points.
45. Il semble qu'il y ait un recyclage de l'ancien discours colonial, hier raciste et antisémite, aujourd'hui anti-immigré. Il faudrait l'étudier, commencer par le démystifier si on veut combattre le Front National ou le Front Islamique. Le Pen, Madani, c'est turban blanc, blanc turban.
46. Louis Ferdinand Céline, *Voyage au bout de la nuit* (Paris: Gallimard, 1952) 179.
47. Cité par Yves Courrière en première page de *Les fils de la toussaint* (Paris: Fayard, 1967).

"Le racisme résume et symbolise la relation fondamentale qui unit colonialiste et colonisé[48]".

Dans *L'étranger* d'Albert Camus, "l'Arabe" n'a pas de nom, ne parle pas: indiscernable, il porte comme signe indien cette fameuse "image". Regardons de plus près le passage du meurtre:

> "Les Arabes avançaient lentement . . . Nous avancions d'un pas égal vers les Arabes . . . Il a frappé deux fois. L'Arabe s'est applati"[49].

Meursault vient de tuer non pas quelqu'un d'origine arabe, équivalent de "an Arab" ou "the Arab" en anglais, mais "l'Arabe" signifiant, cette image dont le signifié est le bougnoule. C'est une des raisons pour laquelle il ne voit même pas l'utilité de prendre un avocat. La majorité, sinon toutes les traductions en langue anglaise sans exception, donnent la version suivante:

> "The Arabs were slowly advancing . . . We were walking with an equal speed with the Arabs . . . He shot twice. The Arab fell down."

Traduction littérale, inexacte, ne tenant pas compte du contexte socio-historique maghrébin, car elle dépouille le texte de "l'image" de "l'arabe", celle du dominé, de l'esclave Caliban, et l'habille de celle du "mythe arabe", qui est précisément l'opposée, celle du dominant Prospero. Elle sépare "l'arabe" bougnoule des autres "autres" anciennement colonisés, frères dans la misère avec qui il a partagé l'exclusion et l'insulte, le juif et le noir, inclus dans cette image. En tuant "l'arabe", Meursault vient de tuer un indigène, berbère, arabe, juif et noir à la fois.

Mais le problème de traduction de ce signifiant demeure toujours car pour traduire "l'arabe image" c'est-à-dire "bougnoule" en anglais, il faudrait d'abord expliquer le contexte, remettre le texte dans son contexte colonialiste ou du discours d'extrême droite, et dire "the indigene" ou bien "the slave". Pour bougnoule, il serait plus juste encore d'utiliser le terme inclusif de "Colonized man, " the "Other slave", ou encore "Jew-Arab-Negro". Cette traduction demeure problématique[50], mais si elle ne rend pas entièrement le sens, elle véhicule "l'image" et aura toutefois le mérite d'éviter l'aberration principale, celle de traduire l'arabe bougnoule par le mythe du cheikh saoudien ou

---

48. Memmi, *Portrait* 92.
49. Camus 79.
50. Comme toute traduction d'ailleurs. Je propose d'utiliser Colonized man, avec une note en bas de page qui dit: the negro slave, a Jew-Arab-Negro. Meursault "shot the negro slave" est très proche de la réalité nord-africaine.

kowétien, ce prospero "maître" de l'île à champs pétroliers. La traduction de certaines oeuvres de ou sur l'Afrique du Nord, notamment *L'étranger* de Camus, est à corriger sinon à refaire[51]. Tout comme l'ancien esclave aux Etats-Unis, a été appelé à un certain moment "nigger, negro, black" et s'appelle maintenant "Africain Americain", l'ancien indigène nord africain s'appelle le Maghrébin, Algérien, Marocain, ou Tunisien, et les enfants des travailleurs immigrés s'appellent les Beurs ou encore les Français-maghrébins.

Dans un de ces derniers écrits avant que la mort ne l'emporte un peu, Kateb Yacine s'était insurgé contre ces représentations des Nord-africains, qui ne se sont désignés que sous l'optique du colonisateur:

> Tous ces termes sont étrangers, ils proviennent tous des puissances ennemies qui nous ont envahis, ce sont des termes péjoratifs, dirigés contre nous, et leur emploi par nous est la preuve accablante que nous n'avons pas encore relevé le défi. Un tel langage de nous n'est-il pas suicidaire? Pourquoi ne pas vomir ces mots empoisonnés? Il suffit simplement d'appeler les choses par leur noms: Le pays, c'est Tamazgha, et l'homme libre de ce pays, c'est Amazigh. Ses habitants, c'est le pluriel d'Amazigh, Imazighen. La langue, c'est Tamazight[52].

Kateb avait raison de mettre en garde contre ces "fausses distinctions et ces pièges verbaux". La tentative de démystification des signifiés contradictoires du signifiant "arabe et musulman", a reposé le problème de l'authenticité de la culture et de la personnalité "arabo-musulmane" et algérienne. Si le mouvement littéraire a connu, d'abord par l'intermédiaire du courant algérianiste, une tentative authentique d'affirmation des diverses dimensions de la culture algérienne, le mouvement nationaliste algérien a été déchiré dans les années quarante par la définition même de l'algérianité et de l'identité algérienne. L'Algérie est-elle une partie intégrale du monde arabe, n'existant que dans un monde arabe et musulman? Ou bien est-elle algérienne, une nation indépendante, multiculturelle et multi-éthnique? Ne doit-on la définir que par l'arabo-islamisme ou l'islamo-baathisme du parti FLN ou bien par ses quatre millénaires d'histoire et de civilisation nord-africaine et méditerranéenne? La question berbère ne date pas du printemps noir 2001, ni d'avril 1980, mais remonte à la crise dite "berbériste" et à l'éviction d'intellectuels algérianistes "dominés" entre 1945 et 1949 et même bien avant, à l'origine même du mouvement nationaliste algérien.

---

51. Le slogan "les Arabes dehors" a donc pour signifié "bougnoules dehors", c'est-à-dire "ceux qui ne sont pas français" dehors, "les Nord Africains, les Juifs, les Noirs" dehors, et par extension tous les "bronzés" et autres Autres méditerranéens, les Italiens, les Espagnols, les Portugais. C'est ainsi qu'il faudrait le traduire.
52. Préface à *La question berbère*, d'Amar Ouerdane, 13.

La question kabyle

Algérien, je le suis jusqu'au fond de mon âme, totalement, férocement, mais ne me demandez pas, après avoir été le descendant des Gaulois, d'être celui des Bédouins d'Arabie, avec tout le respect dû à ces fiers et nobles cavaliers. Une spoliation d'identité par génération, cela suffit[53].

Si la colonisation de l'Algérie date de la prise d'Alger en 1830, il faudra aux généraux de l'armée française plus de trente ans pour venir à bout de la Kabylie. Effectivement, ce n'est qu'en 1871, et après trois grands soulèvements, qu'on assiste pour la première fois dans l'histoire, à la colonisation du bastion berbère. Une répression très sévère, suivie d'expropriation et d'exil, fera que pour survivre, la Kabylie va se trouver dans l'obligation d'exporter sa main d'œuvre paysanne notamment en France. En devenant ouvrier, grâce à l'école républicaine, deux générations plus tard, les enfants de ces paysans prendront conscience de leur condition de prolétaire. On peut retracer les origines du mouvement nationaliste algérien et du FLN à cette immigration[54] des années vingt. C'est parmi les 100 000 travailleurs algériens en France, dont la majorité venait de Kabylie[55], qu'allait naître le premier "Congrès des ouvriers nord-africains" de la région parisienne, père de l'ENA, Etoile Nord Africaine, ancêtre du FLN de 1954. Les deux tiers de ses fondateurs étaient des Kabyles, ainsi que l'écrasante majorité des militants. Beaucoup ne parlaient que kabyle ou français, ni l'arabe classique ni même le farabe[56].

Pour déjouer les tentatives de division "arabe-kabyle" sur lequel le colonialisme aurait pu jouer, les nationalistes sacrifièrent leur spécificité kabyle, pour le bien commun de la future nation. Ils éliront un algérien de la minorité "farabophone" à la tête de l'ENA, Messali Hadj. Autant pour des considérations politiques personnelles qu'anticolonialistes, ce dernier en profitera pour mener les revendications sous le slogan de l'arabo-islamisme, jusqu'à la crise dite berbèriste de 1949. Alors que les militants kabyles comme Amar Imache ou Si Djilani[57] se définissaient comme Algérien, revendiquaient une république laïque, une Algérie démocratique et multiculturelle, Messali Hadj ne la voyait qu'arabe et musulmane, tout en étant au départ, pour une alliance avec la France et contre la révolution par les armes.

---

53. Aktouf 106.
54. L'ENA, Etoile nord africaine s'est transformé en PPA, Parti du peuple algérien, puis en MTLD, Mouvement pour le triomphe des libertés démocratique, puis en 1954 en FLN.
55. Charles-André Julien, *L'Afrique du Nord en marche* (Paris: Julliard, 1952) 29–30.
56. Dans son ouvrage *La formation des élites maghrébines* (Paris: CNRS, 1973) à la page 53, Roger Létourneau souligne "qu'on aurait mieux fait de l'appeler l'étoile algérienne ou même kabyle".
57. Ouerdane 52.

Après l'indépendance, et jusqu'à aujourd'hui encore, beaucoup d'intellectuels algériens et non des moindres, intoxiqués par plusieurs décades de propagande islamo-baathiste, continuent de considérer les Kabyles comme des séparatistes qui refusent de parler arabe. Et, il est vrai que la Kabylie ne reniera jamais sa langue et sa culture berbères. Plutôt que de répéter les éternelles accusations mensongères du pouvoir, qui fait des Kabyles une fixation obsessionnelle, continue de les traiter de régionalistes et de séparatistes, il faudrait essayer de trouver une "autre" explication à leur refus de s'arabiser. Mais pourquoi donc est-ce que les Kabyles refusent d'oublier leur langues et leur culture? Sans doute, pour la même raison que les Maghrébins farabophones refusent d'oublier leur langue farabe, leurs coutumes et leur culture locale.

Des experts officiels de la question nous ont habitué à des explications, parfois délirantes. L'étymologie "arabe", souvent avancée, est que le terme "kabyle" viendrait de l'arabe "qabila", qui signifie "la tribu", et les kabyles seraient les berbères qui ont "accepté" de s'islamiser et donc de s'arabiser. Nous leur répondrons d'abord, qu'on peut être musulman sans être arabe: d'ailleurs la majorité des 1,5 milliard de musulmans ne le sont pas[58]. Aussi cette explication n'a réussi jusqu'à présent qu'à faire exacerber la question en voulant la nier. Pourquoi aller chercher en Saoudie, ce qui existe en Algérie: c'est peut-être dans le signifié kabyle, en Kabylie, qu'il faudrait chercher le refus constant des Kabyles de se "(dés)intégrer" dans le mythe arabe. Comme l'explique Pierre Bourdieu:

> On rattache parfois à la même racine, par une étymologie populaire, en tout cas significative, le mot *laqbayel* (masculin pluriel) qui désigne les Kabyles. Thaqbaylith, féminin du substantif *aqbayli*, un Kabyle, désigne la femme kabyle, la langue kabyle et aussi, si l'on peut dire, la liquidité du Kabyle, ce qui fait que le Kabyle est kabyle, ce qu'il ne saurait cesser d'être sans cesser d'être kabyle, c'est-à-dire l'honneur et la fierté kabyles[59].

Sait-on que de demander aux Kabyles de renier leurs origines et de s'assimiler à "l'unicité arabo-islamisme", c'est précisément leur demander d'oublier leur traditions millénaires de républiques démocratiques et d'épouser une idéologie totalitaire[60]. Sait-on que le simple fait de leur interdire d'utiliser le signifiant "kabyle", c'est précisément leur demander de renier "la langue, la femme,

---

58. Plus des 2/3 des musulmans ne sont pas Arabes. Le plus grand pays musulman n'est ni l'Arabie saoudite, ni l'Algérie, ni l'Egypte, mais l'Indonésie, suivie de l'Iran, de la Turquie et de l'Inde. Ni les Indonésiens, ni les Iraniens, ni les Turcs, ni les Indiens ne sont Arabes.
59. Pierre Bourdieu, *Esquisse d'une théorie de la pratique* (Droz: Genève, 1972) 41.
60. Voir Pierre Bourdieu, *Sociologie de l'Algérie* (Paris: PUF, Que sais-je?, 1974).

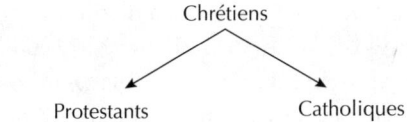

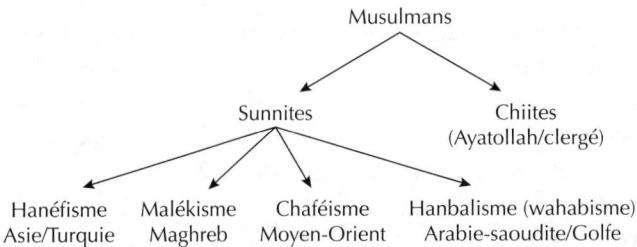

Tableau 2 : Le critère religieux

l'honneur et la fierté" kabyles[61] ? En échange de quoi, d'une idéologie totalitaire, le fascislamisme ?

Le dialogue n'étant plus possible, la chasse aux sorcières "berbéro-matérialistes" allait commencer. Injustement accusés de séparatistes, parce qu'ils avaient osé remettre la thèse de l'unicité, d'uniformité jacobine, et de dictature arabiste, les intellectuels kabyles allaient être accusés de régionalistes, mis de côté, voire physiquement éliminés et remplacés par des plébéiens et des opportunistes, désignés par le terme de "kabyles de service" :

> L'épuration du mouvement berbère a abouti à l'élimination des cadres de valeur pour faciliter la promotion des médiocres liés à l'appareil et redoutant par dessus tout d'être taxés de matérialistes et de marxistes[62].

Mais, nous dira-t-on, ils sont musulmans. Raison de plus, répondrons-nous, tous les chrétiens ne sont pas pareils, aussi en-va-t-il de même pour les musulmans. Les Maghrébins sont de rite malékite, religion différente de celles de l'Arabie. Nous allons tenter avec le schéma ci-dessus de démystifier cette seconde composante religieuse du paramètre "arabo-musulman" qui peut prêter à confusion.

Mon propos n'est pas de disserter sur les rapports entre l'islam, le christianisme et le judaïsme mais de démystifier d'une manière très simple mais concise,

---

61. Faut-il alors s'étonner que Kateb Yacine, un homme d'honneur, ait été si fier jusqu'à vomir publiquement l'arabo-islamisme ? Faut-il s'étonner de voir le thème de la femme et le combat pour les langues, l'obsession de sa vie ?
62. Harbi, *Le FLN, mirage et réalité* 66.

un certain discours intégriste qui a tendance à distiller le mensonge et la haine. D'abord, l'affirmation qui dit "they don't believe in God but in Allah[63]," que les musulmans ne croient pas en Dieu mais en Allah, est absurde et dangereuse. Le signifiant Dieu en français se traduit par God en anglais et par Allah en arabe: de plus, selon les trois religions monothéistes, Dieu est unique. Les musulmans croient aux trois prophètes du livre: Moussa, c'est à dire Moise, Aissa, c'est à dire Jésus, et Mohamed, dernier des prophètes[64]. Selon les musulmans tolérants, les Juifs et les Chrétiens sont des "gens du livre", terme noble en soi dans la phraséologie musulmane. Vivants côte à côte, les Musulmans se doivent donc de respecter sinon d'aimer, ces "gens du livre", les Juifs et les Chrétiens. Dans la religion chrétienne, il y a deux grandes branches, les catholiques avec toute une hiérarchie, où l'on retrouve au sommet le Pape, ses conseillers du Vatican, les cardinaux, et ainsi de suite, jusqu'au petit curé de campagne. L'autre branche serait celles des protestants, qui eux sont chrétiens mais n'ont ni pape ni cardinaux ni hiérarchie. Aux Etats-Unis, il y aurait plusieurs centaines de différentes religions protestantes. Il en va de même chez les musulmans qui eux aussi ont leurs deux grandes branches, les Chiites et les Sunnites. Les chiites, à l'origine, partisans d'Ali dans la succession au prophète, dont le plus grand groupe se trouve en Iran, ont une hiérarchie avec un Ayatollah, un clergé, d'autres ayatollahs, des Mollahs, jusqu'au petit imam de quartier: ils seraient de par cette hiérarchie les équivalents des Catholiques. Les Sunnites par contre, à l'image des protestants, n'ont ni Ayatollah, ni clergé, ni hiérarchie. N'importe qui, surtout au Maghreb, peut se lever, s'auto-déclarer Imam et prêcher à sa manière[65]. Les sunnites sont divisés en quatre grands rites, correspondant à quatre régions géographiques majeures, respectivement, du plus libéral au plus orthodoxe: en Turquie, le rite hanéfite; au Maghreb, le rite malékite; au Moyen-Orient, le rite chaféite; dans les pays du Golfe, notamment en Arabie-saoudite, le rite hanbalite très lié au wahabisme. Les différences entre les rites sont très importantes et doivent être considérées non seulement comme des pratiques religieuses mais à la limite comme des "religions" différentes. Le discours intégriste voudrait que les Algériens deviennent "islamistes", notamment que les femmes se tchadorisent à l'iranienne parce qu'elles sont musulmanes. Ceci est supercherie car cela reviendrait à demander aux protestants américains de devenir catholiques parce qu'ils sont chrétiens et aux femmes protestantes d'obéir au Pape, en portant l'habit de nonnes parce

---

63. Parmi ces aberrations courantes, un de mes collègues affirmait que certains de ses étudiants, qui se disent "Christian", de "sectes" protestantes, lui ont dit en classe que: Catholics believe in the Pope, they need to believe in Jesus". Une vraie perle d'une Amérique qui fait peur !
64. Moussa et Aissa sont des prénoms courants en Maghreb.
65. D'où le danger de dire n'importe quoi en faisant des interprétations pour le moins qu'on puisse dire douteuses.

qu'elles sont chrétiennes[66]. Calquée sur les chrétiens, l'absurdité de cette dernière comparaison saute aux yeux. A l'image des sectes protestants, comme les Amishes ou la branche davidienne de David Koureche, il y a d'autres rites et d'autres sectes chez les Maghrébins, souvent très fermés, allant des pacifiques comme les Ibadites, chez les Mozabites[67] algériens ou encore très violents, depuis les années 80, comme chez certains groupes intégristes algériens d'inspiration salafiste. Une seconde différence de l'Islam algérien, notamment dans les zones rurales, est qu'il a été jusqu'en 1962, traditionnellement contre le pouvoir central, français, turc (bien que musulman), ou autre[68]. Pour les mêmes raisons qui font que les protestants n'obéissent pas au pape, les Maghrébins ne devraient logiquement ni s'inspirer et encore moins s'agenouiller devant l'intégrisme saoudien, soudanais ou iranien. Aussi, l'argument, "ils sont tous musulmans" n'est qu'un syllogisme qui reviendrait à dire que parce qu'ils sont chrétiens, tous les protestants devraient obéir au pape.

Les médiocres ont gagné la bataille de l'épuration, et celle de la confiscation de la révolution[69]. Un de leur cheval de bataille va être d'éliminer l'outil par lequel l'élite algérienne, notamment francophone, s'est formée, la langue française[70]. Après son coup d'état de 1965, Boumediene s'entourera de baathistes et d'Oulémas, à qui il livrera les ministères de l'enseignement, de la culture, et du culte. Se définissant "contre" la France, les concepts de "nation révolutionnaire", de citoyenneté, de valeurs républicaines laïques furent rejetés, pour un modèle à l'époque volontairement mal défini, le baathisme. Elaboré par Michel Aflaq et Zaki El-Arsouzi, le baathisme préconise la création d'une "nation arabe" avec un président à vie, un parti unique, une langue, une nation arabe pure[71], comme en Irak ou en Syrie. Mais qu'est-ce que ce baathisme, sinon la copie du concept allemand de la nation, de pureté ethnique

---

66. Tous les protestants sont des chrétiens, les catholiques sont des chrétiens, donc les protestants sont des catholiques, syllogisme des plus absurdes. J'ai vu des docteurs en littérature et des "experts" du Moyen-Orient ou de l'Iran faire ce genre de raisonnement à propos des islamistes algériens.
67. On pourrait faire un parallèle entre les Mormons de l'Utah et les Mozabites, dans la mesure où tous les deux sont des sociétés fermées, presqu'un état à l'intérieur d'un pays. Camus en parle dans *Le premier homme*.
68. Les zaouias traditionnelles, où l'on allait étudier le coran et parfois d'autres matières, étaient autofinancées par les gens de la tribu ou par des gens venus vénérer le saint. Cette autosuffisance économique leur permettait de maintenir une certaine indépendance vis-à-vis de l'état.
69. Krim Belkacem, chef militaire du FLN en Kabylie, qui devait normalement devenir président en 1962, voulait une république algérienne à l'image de la Suisse, avec trois communautés, arabe, berbère et française. Boumédiene, qui contrôlait l'armée des frontières y était opposé. Le second fit exiler puis assassiner le premier.
70. Le problème vient peut-être du fait les Kabyles ne sont officiellement que 20% de la population mais ont fourni et fournissent encore à l'Algérie, jusqu'à 70% des cadres et des intellectuels de langue française.
71. Mohamed Benrabah, *Langue et pouvoir en Algérie* (Paris: Séguier, 1999) 86.

et religieuse, adapté au Moyen-Orient, qu'on a voulu imposer à l'Algérie? Quand aux Oulémas, ces religieux ultras, ancêtres des islamistes, ils méprisent "le peuple ignare" dont il se méfie, et étaient à l'origine contre la révolution de 1954[72]. L'islamo-baathisme n'est rien d'autre qu'une piètre copie d'une combinaison des systèmes totalitaires fasciste et staliniste. Ces islamo-baathistes semblent être sur le point de réussir dans leur entreprise de re-colonisation de l'Algérie, notamment par le biais de l'école. Et la grande bataille de cette nouvelle décolonisation ne fait que commencer.

---

72. Comme si après avoir éliminé Danton, pour écarter les authentiques révolutionnaires, Robespierre décida de latiniser la France, s'entourant subitement d'homme du clergé qui connaissent le latin, de vendéens et d'autres opportunistes louches. Ces derniers sont allés chez d'autres royaumes "européens" chercher des "monarchistes" et une pléiade de réactionnaires à qui ils livrèrent le pays.

CHAPITRE 8

LA MARÂTRE ET LES IMPURES

Outil extérieur à l'homme, elle fait l'homme, elle le construit comme être sentant et pensant, elle façonne la représentation [. . .]. Elle structure notre pensée, nous impose une certaine lecture du monde. S'il est un lien qui m'attache à ce pays et m'enracine, c'est bien la langue[1].

Tous les noirs devraient étudier la langue des blancs: français, anglais, espagnols, le droit de tous les colonisateurs, ainsi que leur langues. Vous devriez étudier la langue française[2].

Langues algériennes: le farabe et le berbère

L'Algérien moyen se sert quotidiennement de trois à quatre langues par jour, passant continuellement, du farabe ou du berbère au français, dans certaines rares situations, à l'arabe classique. Voici un aperçu de l'échantillon de langues dans la journée d'un jeune algérois. Il se lèvera le matin parlera farabe, berbère ou même français chez lui. Il prendra le bus pour aller au travail: "avanci", c'est-à-dire avance, lui dira en farabe le receveur farabophone. Dans le bus et avec les collègues de travail, il parlera "l'arabe de la rue", en farabe. Au travail, si c'est un cadre et que la réunion est technique, il passera probablement au français, en le mélangeant avec le farabe. En présence d'un officiel du parti, lors du sermon politique, l'arabe classique sera utilisé par l'officiel surtout en présence des cameras de télévision. Hors caméra, le pouvoiriste ne manquera pas de revenir au farabe et même au français, notamment chez lui avec ses amis ou sa famille: entre eux, les enfants du pouvoir sont farabophones et surtout francophones. Si c'est un baathiste ou un islamiste, il parlera

---

1. Maurice T. Maschino, *Etes-vous un vrai français* (Paris: Grasset, 1988) 193.
2. Cheikh Hamidou Kane, *L'aventure ambiguë* (Paris: Julliard, 1961) 143.

farabe dans la rue, tentera de le mélanger à l'arabe classique, et évitera la langue française comme de la peste. Dans le cas des kabylophones d'Alger, il faudra ajouter le berbère (kabyle) à la maison et entre eux. Le week-end, les algérois iront au café faire une partie de belote ou de dominos en parlant farabe ou kabyle. Lorsque la discussion devient politique, intellectuel ou scientifique, à un second niveau qui exige plus de vocabulaire et surtout une terminologie qui fait encore défaut ou qu'ils ne connaissent pas en farabe ou en berbère, ils passeront le plus normalement du monde au français. S'il y a un match de foot-ball, le reportage de la RTA[3], "l'unique" chaîne de télévision, sera en arabe classique, bien que tous les supporters ont des slogans en farabe et font des commentaires en farabe quand ce n'est pas en français. L'un des plus célèbres slogans des supporters algérois des années quatre-vingts disait: "Café, Huile, Amandes, Devise, Logement, Impossibles"! C'est bien en farabe[4] que ces jeunes exprimaient leurs frustrations, s'amusaient à faire une liste de toutes les pénuries sur le marché, en épelant le nom du président d'alors. Ceux de la JSK, Jeunesse Sportive de Kabylie se faisaient un point d'honneur en narguant le pouvoir en berbère: I-MA-ZI-GHENS[5]. Le soir, tous rentreront chez eux et regarderont le journal télévisé, qui depuis toujours est diffusé en arabe classique même si la masse d'analphabète qui ne parle que farabe ou berbère n'y comprend rien. Omar Aktouf citait un jeune de la région de Tiaret, farabophone, qui en 1985 se plaignait:

> sur tout une page (la page 23) de se sentir lui et des millions d'analphabètes, comme il dit, exclus de cette langue dont on a fait le parler de la radio, de la télévision, du journal, du parti, du notable et du pouvoir[6].

Au début du nouveau millénaire, la situation n'a pas tellement changé, sinon en pire. Comment fait cette masse d'illettrés bilingues et d'analphabètes complets pour comprendre? Pour palier à cette situation ubuesque, imaginez ce que ferait la masse du peuple italien, français, ou américain si le journal télévisé, la radio, et les hommes politiques leur parlaient en latin. Ils essaieraient probablement de deviner, en prenant quelques mots par-ci, quelques expressions par là et surtout de demander à ceux qui ont un peu compris de leur traduire. Certains facétieux diront que ce n'est pas trop grave, car de toute façon en Algérie, le journal télévisé est contrôlé par le pouvoir, qui continue

---

3. Radio Télévision Algérienne, surnommée "l'unique" ou encore "la chaîne zéro".
4. On remarquera que ce slogan est entièrement en français. C'est une pratique courante d'ajouter des morceaux entiers de phrase en français dans du farabe.
5. En 1977, ils conspuèrent publiquement le tout puissant Boumédiene au stade du 5 juillet, lors de la finale de la coupe d'Algérie JSK-NAHD, lui rappelant qu'ils étaient berbères.
6. Aktouf 102.

d'affirmer que tout va pour le mieux dans le meilleur des mondes, qu'il n'y a pas de problèmes[7]. Mal informé, ou pas informé du tout, le peuple se rabat par la force des choses, sur les chaînes françaises.

A l'heure du souper, dans leur famille, le farabe, le kabyle ou même le français sera de rigueur, jamais l'arabe oriental. C'est en ces termes qu'Azouz Beggag, décrit le farabe de sa famille:

> A la maison, l'arabe que l'on parle ferait certainement rougir de colère un habitant de la Mecque. Savez-vous comment on dit les allumettes chez nous par exemple? Li zalamite. C'est simple et tout le monde comprend. Et une automobile? La taumobile. Et un chiffon? Le chiffoun. Vous voyez, c'est un dialecte particulier qu'on peut assimiler aisément lorsque l'oreille est suffisamment entraînée[8].

C'est un "dialecte" que les habitants du Moyen-Orient et du Golfe, pourtant arabophones, ne comprennent pas du tout[9]? Rappelons qu'à la différence du dialecte, forme ancienne ou branche dérivée d'une langue mère, le créole est le résultat d'un croisement de deux langues différentes. Rappelons aussi qu'avant l'arrivée des saoudiens du huitième siècle, les langues parlées du Maghreb étaient le berbère, le punique- forme ancienne de l'hébreu et le latin. Selon André Chouraqui, la connaissance du punique a favorisé le passage à l'arabe parlé et le développement de cette langue assez rapidement. On serait passé donc du punique, hébreu ancien, à l'arabe coranique, avec l'islamisation du Maghreb. D'aucuns en ont conclu que "l'arabe parlé" est d'origine punique. D'autres, comme le linguiste marocain Mohamed Chafik offre une autre explication. Il y aurait sans doute eu une première hybridation du berbère avec l'arabe, dans la mesure où la structure du farabe est berbère, et qu'on y a greffé des mots arabes en les contractant ou même en les coupant:

> "Il n'est pas exagéré de dire que les deux tiers des construction des phrases sont berbères et le tiers est arabe. Par contre le pourcentage s'inverse quand il s'agit des mots"[10].

Ce n'est donc pas un dialecte mais bien un "arabe créole" que nous avons au

---

7. Comme l'avait si bien dit l'ex président Chadli, "un pays qui n'a pas de problème n'est pas un pays. Heureusement, en Algérie, il n y a pas de problème".
8. Azouz Begag, *Le gone du chaâba* (Paris: Seuil, 1986) 213.
9. Certains ont tendance à penser, que puisqu'ils ne comprennent pas, eux qui parlent l'arabe oriental, cela doit être du français. Lors d'une tournée dans les pays du Golfe, des admirateurs du chanteur de rai Cheb Khaled farabophone, lui ont demandé s'il chantait . . . en berbère!
10. Chafiq, *Structure* 6.

Maghreb. Tout comme l'algérien moyen, Chafik précise que le marocain moyen parle:

> "un arabe plus ou moins francisé, selon son degré d'instruction, selon que les idées qu'il exprime sont en rapport avec la vie traditionnelle (rurale ou urbaine) ou avec la vie moderne"(7).

Précisant que du point de vue du vocabulaire, le farabe possède aujourd'hui trois lexiques originels. Il serait le produit d'un croisement de berbère, d'arabe ancien et moderne, et beaucoup de français farabisé avec des mots turques et espagnoles, héritées des divers colonisateurs de l'Afrique du Nord[11]. Dans un entretien avec la revue *Algérie Littérature Action* qui lui demandait "si on pouvait valser entre les langues sans trahir sa pensée", le comédien Fellag, un coluche algérien, répondait en ces termes:

> J'ai toujours refusé catégoriquement de traduire mes textes qui sont le mélange de trois textes. J'arabise des mots kabyles, je francise des mots arabes, j'arabise des mots français, je les kabylise. Je suis dans l'esprit des gens de chez nous qui inventent des mots et des expressions qui n'ont jamais existé, mais que tout le monde comprend[12].

Précisons que l'arabe de Fellag, est le farabe, et que son arabisation est de la farabisation bien sûr et non de la "classiquo-fiction". Il est d'ailleurs très difficile sinon impossible pour des Algérois farabophones de parler entre eux en classique, car ça sonne faux[13]. A un journaliste qui lui demandait s'il avait une copine et dans quelle langue il lui faisait la cour, un jeune algérois, répondait: "Oui . . . j'ai une copine. . je la courtise en français". Et pourquoi demanda le journaliste: Parce qu'en "arabe", ça sonne comme les feuilletons égyptiens[14].

Il y a trois chaînes de radio gouvernementales en Algérie. Les auditeurs de la RTA chaîne 1, nationale, en réalité en "arabe internationale," auront droit à de la musique venant du Moyen-Orient, notamment égyptienne. Le journal parlé et la majorité des programmes y sont en arabe classique ou oriental: le farabe y est toléré, en attendant, de le voir purifié[15]. Ce n'est pas là que vous risquez d'entendre les chanteurs de rai, Khaled, Hasni, Mami ou Zahouania:

---

11. Les plus célèbres étant "le trabendo" pour trafic, un trabendiste pour revendeur à la sauvette, la chaîne pour la queue, et le taxieur pour chauffeur de taxi.
12. "Une immense faculté de rire de soi," *Algérie Littérature Action*, n 17, janvier 1998, 129.
13. Comme si deux Italiens se mettaient à parler latin.
14. Feuilleton débile à l'eau de rose, équivalents des "soap-opéras" américains, où les hommes sont des ingénieurs ou des professeurs, et où les femmes sont à la recherche d'un mari. D'ailleurs, quelque que soit le feuilleton, ça se termine en mariage.
15. De son vivant le grand chanteur algérois El-Anka, pourtant chantant dans un arabe assez raffiné, a connu des périodes difficiles avec les purificateurs de la culture qui le boycottaient.

dans les années 80, le rai, considéré vulgaire et impure en était banni. Ce n'est qu'après sa reconnaissance internationale en Europe et dans le monde arabe, que les programmateurs officiels algériens ont tenté de le réhabiliter et de le récupérer[16].

La chaîne 2, l'innommable chaîne "kabyle," qui existait du temps de la colonisation française et qui a miraculeusement survécu aux maintes tentatives d'épuration linguistique et d'arabisation forcée dans ses programmes, est la chaîne dont il ne fallait pas prononcer le nom. Le journaliste dira chaîne 2, mais jamais chaîne kabyle ou berbère, mots bannis du discours, dans les années soixante, soixante dix et quatre vingt[17]. En 1983, j'avais demandé à un ami qui y travaillait, comment faisaient les journalistes pour lire leur journal parlé en kabyle puisqu'il était alors interdit d'écrire le berbère. Il me répondit qu'il l'écrivait en français, faisait deux copies, s'asseyait en face du censeur qui écoutait, et faisait de la traduction simultanée du français au kabyle. En fonction de la température politique à Tizi-Ouzou, vous pourrez entendre les chanteurs kabyles "permis" comme Idir, Djamal Allem ou Djamel Chir. D'autres, plus engagés, aux textes poétiques politiquement à gauche, comme le groupe Imazighen Imula, Ait Menguelat ou Matoub Lounes traversent de longues périodes d'interdictions. De son vivant, Matoub était interdit d'antenne et n'est jamais passé à la télévision algérienne[18].

La chaîne 3, chaîne internationale émet surtout en français, avec des programmes de musique en français, en anglais et parfois même en farabe ou en kabyle. C'est là, sur cette chaîne française et non sur la chaîne 1 pourtant "arabe", que les jeunes chanteurs de "rock en arabe" comme Rachid Taha, de rai algérien, qui chantent et écrivent leurs textes 90% du temps en farabe, trouvent des animateurs sympathiques qui veulent bien les faire passer sur l'antenne[19]. La vedette de rai Khaled chante en farabe, langue qui n'a pas d'alphabet reconnu. A un journaliste qui lui demandait un jour comment il écrivait ses chansons, Khaled répondit en "charabia", précisant qu'il transcrivait les paroles farabes avec l'alphabet français[20], le bon vieux système D. D'ailleurs, beaucoup d'artistes se servent de cassettes pour "écrire" leurs textes kabyles ou farabes, et souvent leur musique vues que les langues populaires ne

---

16. Il aura fallu l'approbation du Moyen-Orient pour voir le rai enfin reconnu par le pouvoir, chez lui en Algérie.
17. Il y a eu des changements notables mais il est difficile de faire changer les mentalités qui ont été programmé à l'école de la haine du FLN.
18. Selon ses propres paroles, invité de Bernard Pivot à l'émission Bouillon de Culture en Avril 1997.
19. En 1983, j'ai entendu sur l'émission Contact, le groupe Carte de Séjour chanter en farabe "Savon de Marseille".
20. Selon l'article 3 de la nouvelle loi du 10 juin 1998 sur l'arabisation, il est interdit de transcrire la langue arabe en des caractères autres que les caractères arabes.

sont pas écrites et que la majorité d'entre eux n'ont pas suivi de cours de solfège.

Comme on le voit le bilinguisme, le trilinguisme, et surtout le "créolinguisme" est une pratique quotidienne vécue. La politique d'arabisation qui voudrait exterminer toutes ces langues et dialectes et les remplacer par une seule langue arabe classique est vouée à l'échec. Mais comme l'a déjà dit l'ancien ministre Ahmed Taleb Ibrahimi, père de l'arabisation qui s'affiche ouvertement comme un islamo-conservateur, dans sa déclaration tristement célèbre: "cela ne marchera pas mais on va le faire". On continue envers et contre tout avec cette politique d'épuration linguistique qui a mené au génocide des intellectuels francophones, accusés d'être le "parti de la France", c'est-à-dire l'agent du néocolonialisme, par précisément les agents actuels de la colonisation islamo-baathiste.

Colonisation et langues algériennes

Qu'est-ce que c'est que décoloniser et quelle attitude avoir vis-à-vis de l'ancienne langue colonisatrice et de la culture qu'elle véhicule?

Décoloniser, c'est en quelque sorte déconstruire l'ancien système colonial, détruire les rapports de dépendances entre colonisateurs et colonisés. Mais, c'est aussi dans une certaine mesure, dê-coloniser ou des-coloniser, coloniser au pluriel, c'est-à-dire créer de nouvelles formes de dépendances, aussi bien économiques que culturelles. Aimé Césaire nous a présenté dans *Une tempête* deux voies de décolonisation: avec le personnage Ariel, où la méthode assimilationiste, celle d'un "arabe bon nègre", de l'indépendance acquise après "une demi heure de négociation,[21]" et la méthode Caliban, celle du "chien de nègre"[22], du révolté Fanon, de Césaire lui-même[23]. Mais la question demeure une fois l'indépendance acquise: faut-il rejeter la langue colonisatrice, dans un programme de désordre absolu et tenter de revenir à un moyen-âge d'or perdu, ou bien la garder comme langue de travail et "coopérer" économiquement avec un nouveau colonisateur français, anglais, russe ou américain, lorsque ce dernier ne coopère que s'il y a profit? Faut-il vivre, libre dans une situation précaire voire suicidaire, où bien vivoter des restes du maître en tant que "serviteur" en attendant de meilleurs jours?

---

21. Voir Léopold S. Senghor, "Francité et francophonie" *Ce que je crois* (Paris: Grasset: 1988) 163.
22. Fanon, *Damnés* 161.
23. Un des aspects essentiels du problème est exposé lorsque Caliban refuse de prononcer le mot "bonjour". Criant: "Uhuru", il salue Prospero dans son "langage barbare", indigène, c'est-à-dire vernaculaire, et non en français.

Pendant les années soixante, euphoriques et révolutionnaires, les intellectuels auraient répondu sans hésiter: libre, le ventre vide. Aujourd'hui, la question est discutable car la méthode de "coopération"[24] avec l'ancienne puissance coloniale et l'occident demeure problématique. Si elle n'est plus entièrement à rejeter vue qu'elle permet de maintenir le système de langue de communication indispensable à la survie économique des anciens colonisés, il est très difficile sinon impossible de revendiquer l'usage de la langue française sans se faire accuser d'être le "Parti de la France". Toutefois, ces deux modèles finissent par aboutir au même dilemme pour l'intellectuel colonisé: faut-il revendiquer une langue au détriment des autres, et laquelle? Dans le cas de l'Algérie, faut-il revendiquer sa langue maternelle, vernaculaire en conflit avec sa langue de travail, véhiculaire, lorsqu'elle est elle-même en conflit avec la langue nationale, composante mythique? Le choix est difficile sinon impossible à faire. Comme l'explique Fanon: "un des aspects de cette aliénation est dans cette double allégeance, qu'il revendique ou qu'il nie"(6). S'il veut être authentique et conséquent, et c'est son devoir en tant qu'intellectuel, il ne peut nier l'une au détriment des autres. Or, lorsqu'il décide de tout prendre, il devient lui même le lieu vivant de cette aliénation. Revendiquer ses langues plurielles devient un piège en soi, car les langues sont des monstres exigeant qui demandent beaucoup de concession. Que reste-t-il alors à l'intellectuel sinon que la fuite au bout de la nuit:

> "Décidons de ne pas imiter l'Europe. Tâchons d'inventer l'homme total que Europe a été incapable de faire triompher" (236).

Ultime tentative, c'est la fuite en avant baptisée de création d'un homme nouveau. Pour beaucoup d'intellectuels le modèle "Ariel" était à rejeter, car il ne leur offrait pas les fondations nécessaires, les conditions minimales pour "agir", la présence coloniale restant trop visible. Si le modèle "Caliban", désintoxique par sa violence, il n'en demeure pas moins qu'après l'indépendance, l'intellectuel colonisé continue de vivre, souvent de façon beaucoup plus violente son aliénation. Il reste déchiré entre sa composante africaine qu'il essaie tant bien que mal de revendiquer et sa composante française qu'il tente de voiler, voire de nier, mais qui est et demeure qu'il le veuille ou non, celle de sa lecture, de la totalité de ses activités et de sa production intellectuelles, surtout celle de son écriture.

Qu'est-ce qu'une langue sinon un outil de travail, qui peut véhiculer des

---

24. Que certains voudraient distinguer de "colonisation" mais qui n'est en réalité qu'un euphémisme pour la nouvelle forme de domination économique et culturelle après les indépendances. Voir Jean Chatenet, *Petits Blancs, vous serez tous mangés* (Paris: Seuil, 1970).

idées, mais derrière lesquelles certains ont décidé de planifier toute une nouvelle identité, et comment réconcilier langue maternelle avec langue de travail, langue de travail avec langue nationale? Hélas, dans cette "quadriglossie" maghrébine, la langue nationale et sa culture renferment un piège jacobin, vue qu'elle tend à nier les autres langues. Parce qu'elle confond l'unité avec l'uniformité, elle transforme le peuple en une foule uniforme et le mène au suicide. A force de vouloir décoloniser en chassant les Prospéros et leurs langues colonisatrices, on a sérieusement mis en péril les fondations linguistiques minimales qu'exige un développement économique.

En Algérie, la politique de décolonisation concrètement traduite par la politique d'arabisation, a consisté à détruire la langue française, et enseigner par un personnel hautement non qualifié et incompétent, l'arabe classique, produit elle aussi d'une colonisation, celle des Saoudiens du VIIIème siècle, langue étrangère et mythique, à un moment où:

> l'Algérie ne disposait pas des outils intellectuels, de la pédagogie et des maîtres pour arabiser correctement. On a recruté comme enseignant des gens qui ne connaissaient que le Coran et qui n'avaient qu'une formation islamique[25].

Ceci a abouti non pas à un enseignement en langue arabe, laïque et progressiste, mais à une islamisation de l'école, et a fini par installer une nouvelle forme de colonialisme, obscurantiste, fanatique et réactionnaire, l'intégrisme musulman[26]. Si l'on a réussi à faire table rase en chassant le français, on n'a par contre pas réussi à enseigner à un peuple analphabète l'arabe classique. Le peuple est devenu "illettré-bilingue", comme dit l'adage algérois. On a toutefois maintenu les sections scientifiques en français, pour les enfants de la nouvelle élite dirigeante, alors que ceux du peuple étaient "orientés" vers les sections arabisées qui offrent très peu de débouchées. Cette politique a mené le pays vers la débâcle totale, l'école algérienne est "sinistrée": il est temps de faire un bilan, de démasquer les responsables de cette régression, et de les juger pour crime contre l'algérianité.

La décolonisation ne signifie pas automatiquement indépendance intellectuelle; on pourrait même dire qu'il n'y a pas et il ne peut y avoir d'indépendance intellectuelle si cette dernière ne s'appuie pas sur un minimum d'indépendance économique. Et l'on débouche inévitablement sur la question fondamentale: comment se libérer économiquement, si l'on veut se décoloniser. Sans doute en maîtrisant la science et la technologie, véhiculées au Maghreb et en Afrique en

---

25. Mohamed Harbi, "Les Apprentis Sorciers du FLN," *Le Nouvel Observateur*, n 1393, 18–24 juillet 1991, 50.
26. Voir le chapitre 4, "Fille de Voltaire et d'Averroès" dans *Une algérienne debout*, de Khalida Messaoudi.

général, par les deux langues colonisatrices: le français pour les anciennes colonies françaises et l'anglais pour les colonies anglaises. La réalité du problème est que, la technologie ne se transfère pas, elle s'arrache. Elle s'acquiert par la maîtrise des langues qui véhiculent l'information. En Algérie, que les zélateurs de l'arabisation le veuille ou non, c'est bien le français et non l'anglais, qui demeure la langue de la technologie, de la science et de la culture.

De la décolonisation à la dê(s)colonisation islamique

> Ce qui était autrefois le fait religieux dans sa simplicité, une certaine communication du fidèle avec le sacré, ils en font une arme contre le désespoir et l'humiliation [. .] Les colonisés se défendent de l'aliénation coloniale en renchérissant sur l'aliénation religieuse avec cet unique résultat . . . qu'ils cumulent les deux aliénations et que chacune se renforcent dans l'autre [27].

C'est précisément dans une double aliénation, économique et idéologique, que réside en grande partie l'explication du phénomène islamiste, non pas libérateur mais fanatique, totalitaire et oppresseur, lequel rejette en bloc toutes les valeurs de l'occident surtout la démocratie et se propose de créer cet homme nouveau:

> "Le FIS, Front Islamique du Salut, est un mouvement de nature fasciste qui veut faire régner l'ordre moral et imposer par la violence un comportement unique"[28].

S'appuyant sur l'Islam, qu'il réinterprète à sa manière, l'intégrisme musulman rassemble toutes les valeurs chères à l'extrême droite européenne, qu'il habille d'intolérance, de violence, de mépris, envers tout ce qui est "autre". Ces deux systèmes de pensée se recoupent et se rejoignent en plusieurs points. Tous deux ont la même conception du pouvoir, dictature politique pour les uns, un seul chef politique et religieux et un parti pour les autres. Tous deux sont animés par un même désir d'apartheid, de séparation des races et des cultures. Elitiste, anti–intellectuel dans les deux cas, l'intégrisme musulman et l'extrême droite européenne affichent une haine presque innée pour les démocraties occidentales et les deux anciens blocs est-ouest, qu'ils rejettent pour des raisons différentes. Enfin, tous deux sont en quête d'un passé glorieux, l'empire blanc européen d'une part, et l'empire musulman pour les autres, tentative de recréer des mythes. Dans un article publié dans le quotidien *Le Monde* du 12 Août 1987, Edwy Plenel citait le penseur d'extrême droite Alain de Benoist:

---

27. Fanon, *Damnés* 14.
28. Harbi, *Apprentis sorciers du FLN* 51.

"Le réveil de l'Islam n'est pas à nos yeux une menace mais bien un espoir" [...] Etonnante convergence entre la révolution iranienne et l'extrême droite intellectuelle, concrétisée en mars dernier (1987) par un voyage de MM. de Benoist, Mordel, et Le Forestier en Iran[29].

Il semble que les anciens ultras colonialistes sont en train de passer des alliances avec le nouveau colonialisme de l'Algérie. Au lieu de créer l'homme total, on a fabriqué un mutant totalitaire.

Pourtant, ce ne sont pas les mises en garde qui manquaient. Non seulement les gouvernements décolonisateurs n'ont pas lu Hegel, mais ils n'ont même pas lu leurs propres intellectuels. Dans son vigoureux réquisitoire du *Discours sur le colonialisme,* Aimé Césaire mettait en garde contre une éventuelle tentation de retour en arrière:

> [...] Je fais systématiquement l'apologie de nos vieilles civilisations nègres [...] Et alors, me dira-t-on, le vrai problème est d'y revenir. Non, je le répète. [...] Pour nous le problème n'est pas d'une utopique et stérile tentative de réduplication, mais d'un dépassement. Ce n'est pas une société morte que nous voulons faire revivre. C'est une société nouvelle qu'il nous faut créer, riche de toute la puissance productrice moderne[30].

A l'ère de l'informatique ce sont les langues anciennement colonisatrices qui sont devenues par la force des choses l'outil de la libération économique, pré requis à toute forme d'indépendance. Dans *Peau noire, masques blancs* Fanon expliquait pourquoi le noir, c'est-à-dire l'indigène, le colonisé veut parler français:

> "Historiquement, il faut comprendre que le noir veut parler le français, car c'est la clef susceptible d'ouvrir les portes qui il y a cinquante ans lui étaient encore interdite"[31].

Les peuples décolonisés sont donc condamnés s'ils veulent survivre, à apprendre à utiliser et à maîtriser ces langues colonisatrices, tout en gardant leurs langues maternelles. Le problème n'est plus de parler telle ou telle langue, mais de s'exprimer librement dans la langue que l'on maîtrise le mieux, celle qui aide à se libérer, comme disait Edouard Glissant, celle de sa production littéraire. Aujourd'hui encore, pour la majorité des intellectuels maghrébins, le farabe étant limité à la culture orale, le berbère faisant une timide apparition dans l'écrit, l'arabe classique étant encore une langue non véhiculaire, le choix est clair:

---

29. Edwy Plenel, "Le flirt de l'Iran avec l'extrême droite" *Le Monde,* 12 Août 1987, p 14.
30. Césaire, *Le discours sur le colonialisme* 29.
31. Fanon, *Peau noire* 89.

La marâtre et les impures 143

"La vérité, toute simple, était, et est encore, que nous n'avions pas d'autre choix: écrire en français ou bien . . . nous taire[32]"!

Ce n'est pas en interdisant aux citoyens algériens de signer leur nom en français, de débattre dans une réunion en français, de les forcer sous peine d'amendes, à "classiquophoner", qu'on réussira dans cette politique.

Avenir de la littérature francophone au Maghreb

Après la fin de la guerre d'Algérie, les intellectuels maghrébins observèrent un grand "silence" qui se traduisit par une baisse dans la production littéraire maghrébine d'expression française. Aussi, une conclusion hâtive avait été de déclarer qu'elle était en voie de disparition. Si ceci avait été le cas, nous devrions logiquement observer une relève prise par la littérature en arabe, notamment en Algérie où la campagne d'arabisation a été menée avec le plus de zèle. Où est donc cette littérature "classiquophone"? Où sont donc ces intellectuels "authentiques", libres de toute aliénation, chez qui le drame de la langue maternelle à l'œuvre dans une langue étrangère est si insignifiant, qu'ils sont devenus capables de rivaliser avec leur "frères" égyptiens, syriens ou irakiens? Où sont ces auteurs qui sont moins séparés de leur patrie par la méditerranée que par l'arabe classique! Pourquoi est-ce que les statistiques sont-ils si difficiles à trouver? En 1977, le nouveau ministre de l'éducation de Boumédiene, peu avant d'être "promu" ambassadeur au Mexique, donnait les chiffres suivants:

> La Yougoslavie, pays socialiste de 30 million d'habitants environ, produit annuellement près de 7000 titres. L'Argentine, pays latino-américain en voie de développement de 25 million d'habitants, produit 4500 titres, en majorité scientifique. Le monde arabe, avec ses 120 million d'habitants, détient un des indices les plus bas, avec 2000 titres par an[33].

Combien sont l'œuvre d'Algériens qui publient en arabe classique? Le pouvoir affirme que les "arabophones-classiques" sont sous-représentés. Pourquoi donc? Jusqu'à preuve du contraire personne ne leur a dit de ne pas écrire dans cette langue, déclarée leur langue maternelle. Non seulement, ce nombre est infiniment bas, pour ne pas dire dérisoire, mais la qualité de ces ouvrages est à l'image de la qualité de l'idéologie dominante: uniforme et médiocre. A l'exception d'Abdelhamid Benhedouga et de Waciny Larej, il est encore très

---

32. Aussi surprenant que cela puisse paraître, cette remarque vient de Memmi en 1985, dans sa préface à l'anthologie des *Ecrivains francophones du Maghreb*, à la page 14.
33. Cité par Paul Balta, *Monde de l'éducation* 39.

difficile pour les "classiquophones" algériens d'entrer en compétition avec les Egyptiens, les Syriens ou les Irakiens et ceci après plus de quarante années de levure "arabo-islamique" qui devait faire lever la moisson "authentique". Et ce n'est pas Tahar Ouattar, antellectuel officiel, avec son roman l'*As* qui va nous prouver le contraire. Dans *Anthologie de la littérature algérienne*[34], Charles Bonn soulignait que:

> Comme pour l'anthologie n'ont été retenus ici que les textes les plus importants, et de surcroît accessibles, en français ou en traduction française. Les auteurs de langue arabe étant fort peu traduits, si ce n'est sous forme d'extraits insignifiants dans des anthologies, sont donc absents dans ce choix et c'est regrettable (239).

Pour être traduit dans une langue, la condition siné qua non est de d'abord produire en quantité, dans une langue vernaculaire ou véhiculaire, par surcroît des ouvrages de qualité. Alors que la génération des Kateb Yacine, Mouloud Mammeri, et Mohamed Dib est lentement en train de partir un peu à plus de soixante-dix ans, malgré l'intellectuocide celle de feu Rachid Mimouni et de Tahar Djaout, assure une solide relève, produit des ouvrages en quantité et surtout de qualité. Malgré des louables efforts, il est encore très dangereux de publier, même en arabe, des ouvrages trop critiques, aux yeux des islamistes ou des baathistes. Comme l'expliquait Zineb Laouedj dans la revue *Regards*:

> Je suis engagée sur le plan des idées et de la culture. Je suis poète, je continue à écrire en arabe littéraire et dialectal. J'essaie de créer une maison d'édition "Empreintes", en Algérie même, ainsi qu'une revue du même nom. Mes deux premiers numéros sont prêts. Ce travail est un défi car la majorité de ceux qui ont tenté la même chose ont dû fuir ou se replier[35].

Même arabophones, ceux qui sont trop "critiques", finissent par abandonner lorsqu'ils ne sont pas tout simplement éliminés.

Entre 1945 et 1986, sur un total de 961 ouvrages publiés par des Maghrébins, les Algériens en ont produit 624, soit environ les deux tiers[36]. Déjeux précise qu'en 1986 au Maghreb, l'Algérie comptait 138 romanciers et nouvellistes sur un total de 190 et 169 poètes sur 279 (15). A titre comparatif, Waciny Larej, qui vit en exil en Europe, déclarait récemment qu'entre 1988 et 1998, l'Algérie n'a publié que dix romans en arabe classique. Dans cette même décennie, les Algériens ont publié en France, plusieurs centaines d'ouvrages en

---

34. Charles Bonn, *Anthologie de la littérature algérienne* (Paris: Poche, 1990).
35. Zineb Laouedj, "Algérie, mon pays pluriel", *Regards*, juin 1997.
36. Chiffres donnés par Déjeux dans l'ouvrage de Jean Yves Guerrin, *Albert Memmi, écrivain et sociologue* (Paris: L'Harmattan, 1990), 13.

français [37]. On peut donc dire que la production francophone du Maghreb a été en hausse malgré tous les problèmes de censure et de "normalisations"[38], et qu'elle est en grande partie algérienne, pays dont la politique arabiste est la plus hostile à la langue française. Juste retournement des choses: on n'extermine pas les langues vécues et les cultures d'un peuple impunément! Les années quatre vingt dix ont vu la littérature algérienne littéralement exploser, avec des dizaines de nouveaux écrivains francophones comme Yasmina Khadra ou Boualem Sansal. Au même moment, en Algérie, en dehors du domaine de la religion, la production en arabe classique de qualité est au ralenti pour ne pas dire inexistante[39].

En ce qui concerne la presse algérienne, les événements d'octobre 1988 ont permis d'ouvrir le pays au multipartisme et à la presse indépendante. Ils ont aussi fait naître une libre compétition entre les langues de production: dans ce domaine, la langue française sort vainqueur toutes catégories. En 1992, pour huit quotidiens arabophones, seulement deux étaient privées et six pouvoiristes, alors qu'on comptait treize quotidiens francophones, dont deux seulement gouvernementaux mais onze privés: l'opposition démocratique s'exprime en français! On estime le tirage des journaux arabophones à 300 000 exemplaires par jour, qui ont du mal à se faire vendre. Malgré toutes les tentatives de censure, le "manque" d'encre, la pénurie de papiers, les intimidations, les éliminations physiques, les médias francophones tirent à 880 000, soit trois fois plus, et se vendent bien. En dépit du génocide des journalistes et des intellectuels depuis mai 1993, il restait en 1997 trois quotidiens arabophones pour dix francophones dont les plus importants sont *El-Watan*, *Le Matin*, *Liberté*. D'où la gêne, le grand malaise, la réaction violente d'antellectuels arabistes qui pratiquent le terrorisme linguistique pour faire taire les francophones et mieux cacher leur impuissance et leur médiocrité. Qui veut noyer son rival, l'accuse de la rage! Au sujet de ces "arabisants formés sur le tas ou par la permissivité du pouvoir politique"[40], nous allons citer ce long passage du docteur Said Saâdi:

> Bien des filières économiques et techniques leur étaient fermées. Il leur restait à organiser le siège contre les autres sources d'inspiration intellectuelle dont la simple existence leur paraissait une menace pour leur statut de nouveau privilégiés. C'est qu'ils ne pouvaient pas donner de satisfaction satisfaisante à leur

---

37. "Rencontre d'été: Waciny Larej ou la solitude d'un écrivain", *El Watan*, 27 Août 1998.
38. Que nous avons discutés en étudiant le public chez Charles Bonn.
39. Nous ne demandons pas mieux que de nous tromper. Peut-être y a-t-il des oeuvres de qualité en arabe classique, seulement où sont-elles? Ce ne sont pas les Othmane Saadi, Abdellah Cheriet, Saadallah et autres antellectuels dominants qui vont se mettre subitement à la produire.
40. Sadi 63.

> hégémonie en dehors de leur spéculation politique. [. . .] Qu'ils n'aient rien à offrir, intellectuellement, scientifiquement, et culturellement est secondaire. Au besoin, ils sauront bien empêcher les autres de produire pour éviter de trop poignantes et humiliantes comparaisons (64) [. . .] Le profil social de demain appartiendra à ceux qui auront su imposer leur savoir-faire à la structure économique dont les retombées culturelles sont considérables. [. . .] Dans ce genre d'entreprise l'arabisant est relégué au rang d'observateur, frondeur et impuissant. D'où cette vigilance à limiter les dégâts en confisquant les champs de l'expression culturelle publique qui disqualifie tout propos non arabiste (70).

Pour mieux cacher leur incompétences, les zélateurs ont trouvé une nouvelle formule pour se débarrasser des francophones: remplacer complètement le français par l'anglais. Et bien sûr, comme avec l'arabisation, ils n'ont ni les moyens matériels et pédagogiques et encore moins des professeurs anglophones. Sans demander l'avis du peuple ou des intellectuels, contre l'avis même d'experts linguistiques, la décision a été prise d'en haut et semble être mise en application de façon coercive.

CONCLUSION

Dans le premier chapitre intitulé "Le pôle dominant," nous avons montré l'existence d'une langue parlée par les Algériens, différente de l'arabe classique et oriental. Rejetée par le pouvoir, tout comme l'autre langue maternelle le berbère, nous l'avons baptisée farabe afin de la différencier et de démystifier le discours dominant. C'est dans ce farabe qu'était joué le théâtre populaire de Kateb Yacine et d'Abdelkader Alloula. Des dramaturges en exil comme Slimane Benaissa, Sid Ahmed Agoumi ou Ziani Cherif Ayad continue de jouer en français et en farabe.

Par opposition aux "antellectuels" dominants partisans d'une Algérie d'exclusion, uniquement arabo-islamique, nous avons tenté de dégager la position latente, du pôle dominé, aussi bien chez ce qu'on appelait les "indigènes musulmans" que chez les Français d'Algérie, celle d'une Algérie algérienne plurielle, incarnée par Kateb Yacine. Victime du contexte de la guerre, la position des intellectuels dominés n'était pas très loin de celle des algérianistes, de celle de Jules Roy et même d'Albert Camus. Ces intellectuels dominés, qui revendiquaient le maintien de la langue française dans une Algérie multiple, furent exclus, exilés, ou ont fini comme Mouloud Feraoun par être tout simplement assassinés. Leur élimination, tout comme celle de leur langue de travail, semble après quelques décennies de répit, avoir repris avec Tahar Djaout, assassiné par une nouvelle OAS fascislamiste.

En examinant les études faites par les spécialistes, tels Jean Déjeux, Charles Bonn et Jacqueline Arnaud, nous avons souligné quelques "sauts simplificateurs" dans l'argumentation, la confusion du farabe avec le classique et "l'oubli" momentané du berbère. Il est difficile sinon impossible d'arriver à des résultats correctes si les hypothèses de départ sont incomplètes, s'il manque la moitié des paramètres d'une équation à quatre variables.

En étudiant la question du public, les "autres" langues oubliées, et le contexte maghrébin, nous avons tenté d'expliquer l'univers naturel dans lequel vit et évolue l'écrivain maghrébin et son rapport à la langue française. D'une part, le peuple possède deux langues vernaculaires qui ne s'écrivent pas, ou qu'on a empêché d'écrire, de l'autre le pouvoir et ses antellectuels exigent une littérature et une expression en "arabe" sans préciser que c'est du classique et non du farabe qu'il s'agit. Cette confusion machiavéliquement entretenue par le pouvoir dominant a échoué dans son entreprise de réduire au silence la littérature maghrébine, fut-elle écrite d'expression française ou orale en farabe et en berbère. Kateb Yacine a, de par son engagement irréprochable et conséquent, de par son soutien constant, aux côtés de tous les opprimés, réussi le tour de force. Déjouant le piège du pouvoir, il avait pu toucher à la fois les intellectuels algériens, maghrébins, francophones et son peuple d'analphabète par la voie du théâtre en langues vernaculaires. Kateb a aussi été l'un des premiers, en pleine guerre d'Algérie, à avoir ouvertement revendiqué la langue française comme "un butin de guerre" et donc faisant partie du patrimoine culturel algérien. Si le projet de la francophonie politique[1], en tant que nouvel instrument de domination économique et culturelle est à combattre, aussi paradoxal que cela puisse paraître, c'est bien avec le cheval de Troie de cette francophonie, la langue française, que cette lutte se fera. Langue véhiculaire, de plus en plus référentiaire pour une grande partie de la population en Algérie, il est peu probable que la langue française disparaisse, malgré la détermination du pôle dominant, de ses baâthistes, de ses islamistes et autres nazillons, à vouloir l'anéantir[2]. En 1993, la population d'Algériens francophones était estimé à 49%, soit un algérien sur deux. Elle est supposée bientôt passer à 67% soit deux algériens sur trois en 2003, et ceci malgré la politique d'épuration linguistique[3]. Le grand choix offert par les chaînes françaises captées par satellite, la qualité de leur programmation notamment l'information, les émissions artistiques et culturelles, le fait que le français au Maghreb est le principal outil d'accès à l'internet, l'importance des liens avec la population maghrébine immigrée en France et de plus en plus au Québec, les échanges économiques et la résistance passive des Algériens eux-mêmes fatigués et dégoûtés par ces discours islamo-baâthistes de haines, feront que la langue et la littérature francophones iront en se développant. Etre berbérophone, francophone et même farabophone est devenu un acte de résistance contre l'hypocrisie du pouvoir et "sa" politique d'exclusion linguistique en arabe classique.

---

1. Qui est définie, entre autre, comme "les pays qui ont en commun l'usage de la langue française". Les défenseurs de la langue française devraient promouvoir un peu plus, son aspect universel, notamment l'héritage des lumières.
2. S'il y a des centaines de mosquées à Alger, repaires des islamistes, il y a heureusement dix fois plus d'antennes paraboliques qui permettent à la population de capter les chaînes de télévisions françaises.
3. Benrabah 269.

La théorie d'Henri Gobard nous a permis d'expliquer pourquoi il n'était pas encore possible à la majorité des intellectuels maghrébins de produire des oeuvres en arabe classique et pourquoi le pouvoir dominant entretient la confusion entre les deux langues farabe et arabe. Malgré des progrès indéniables pour la langue berbère, le fait que les langues vernaculaires ne sont pas encore reconnues ni passées dans la pratique courante de l'écrit les empêche encore de toucher leur "vrai" public, la masse du peuple qui les parle mais qui demeure toujours analphabète. De plus, la volonté d'éviter une "norme" préétablie par la censure locale, celle de toucher une faune d'intellectuels très diverse, fera que cette littérature continuera de se développer et de fleurir les champs littéraires francophones. Car, pour comprendre la littérature maghrébine d'expression française, et l'Algérie en particulier, il faudrait commencer par décomplexer la région d'une certaine attitude, hypocrite et revancharde vis-à-vis de la langue française, entretenue par certains antellectuels pour cacher leur incompétence et maintenir leur privilège:

"Les Européens d'Algérie méprisent l'Algérie tout en y étant passionnément attachés et sont passionnément attachés à la France tout en la méprisant"(133),

avait écrit Pierre Nora en 1960. Réciproquement, on peut dire que beaucoup d'Algériens méprisent la France tout en étant attaché à sa langue, et qu'ils sont passionnément attachés à l'Algérie, tout en méprisant les parlés algériens[4].

Il faudrait aussi éviter de généraliser et préciser ce que l'on entend par le signifiant janusien "arabe" aux maints signifiés contradictoires. D'André Gide à Albert Camus, et de Mohamed Dib à Aziz Chouaqui ou Leila Marouane, à chaque fois que ce signifié janusien apparaît, il est fortement conseillé aux lecteurs de la littérature maghrébine, d'écrits ou de discours sur le Maghreb, de se poser la question suivante: dans ce contexte-ci, quel est le *signifié* d'arabe? Aux lecteurs Nord-Américains et anglophones en général, que ce soit le contexte de colonisation, ou du discours d'extrême droite envers les Maghrébins, il est recommandé de traduire le signifiant "l'arabe" respectivement par les termes anglais "Other slave", "immigrant" ou encore "minority". En plus de l'usage du signifiant linguistique "farabe", nous préconisons de désigner les peuples par leur pays d'origine, dire par exemple la colonisation qui venait de France, d'Egypte ou de Saoudie. Ceci permettra de démasquer ce nouveau colonialisme, intégrisme saoudien ou iranien, dont le cheval de Troie est la politique d'épuration linguistique telle qu'elle est menée en "arabe classique".

---

[4]. Le pouvoir leur a inculqué non seulement la méfiance mais la haine du berbère. Les francophones, dits "Parti de la France", sont souvent accusés d'être les responsables de tous les maux.

En Avril 1980, les leaders du printemps kabyle réclamaient la reconnaissance des langues populaires, farabe et tamazight (berbère). Certains doutent qu'on puisse se servir de ces langues dans des discussions intellectuelles, à un niveau abstrait, notamment du farabe, arguant qu'il est impossible de développer ces dialectes. D'autres comme Mohamed Benrabah soutiennent le contraire, et revendiquent la reconnaissance et l'utilisation du farabe, c'est-à-dire une algérianisation de l'arabisation. Le débat est ouvert et ne manquera pas de soulever les passions. Il faudrait surtout permettre au peuple, aux intellectuels et artistes en général de s'exprimer librement et de produire dans la langue de leur choix. Il n'est jamais trop tard pour libérer l'Algérie de l'hégémonie "arabiste" qui s'est traduite sur le terrain par ce nouveau colonialisme islamo-baâthiste. Il faudrait aussi arrêter la politique de l'autruche de ces antellectuels hypocrites, et reconnaître la langue française, comme langue "de travail", au même titre que l'arabe classique. Le nouveau slogan du pouvoir, "arabité, islamité, amazighité" comporte toujours une dimension exclue: la francophonité. A l'aube du nouveau millénaire, le débat sur la langue française et sa place à l'école devrait être publique si l'on veut limiter les ravages causés par l'arabisation et lutter contre l'intégrisme. Il faudrait rétablir l'enseignement qui existait en Algérie jusqu'au début des années soixante-dix, notamment les anciennes sections dites bilingues, où l'enseignement était laïque et permettre aux enfants du peuple d'y avoir accès. A l'école, il faudrait surtout *que le pouvoir donne aux enfants du peuple le même choix qu'il donne à ses propres rejetons*, c'est-à-dire la possibilité d'étudier dans les sections françaises dites bilingues !

Si la langue française était la langue du colonisateur pendant plus d'un siècle, si elle a été la langue du maître et de l'exploiteur, elle a cessé de l'être à l'indépendance. Elle non plus n'a pas échappé au sort inévitable de la dialectique hégélienne et est devenue par la force des choses une langue libératrice: Césaire, Kateb, Memmi, Laâbi, Mimouni, Djebar, tous sans exception s'expriment et surtout écrivent en français, dans cette langue de travail car c'est celle qu'ils maîtrisent le mieux. En se libérant, l'esclave a transformé ses anciennes chaînes en une arme de combat. Partant de ses expériences individuelles, il a réussi parfois mieux que l'ancien maître, à utiliser cet outil qu'est la langue française, non plus comme une mère maudit-terra-née mais comme un tremplin vers l'universel. Il est grand temps de réhabiliter cette langue française, langue de la littérature algérienne, de la recherche scientifique et technique au Maghreb, en même temps que les deux langues vernaculaires, farabe et berbère, de reconnaître qu'elle est devenue par la force de l'histoire une composante du patrimoine algérien et maghrébin, de la vivre non plus comme une déchirure, comme un symptôme d'assimilation mais comme une nouvelle dimension de sa personnalité, de l'algérianité et de la maghrébinité, comme un apport enrichissant et de lui donner la place qu'elle mérite. Un jour peut-être, dans les écoles d'Alger, d'Oran ou de Tamanrasset, les jeunes Algériens pourront étudier leurs auteurs francophones, aussi bien Kateb, Dib, Mammeri, Mimouni, que Sénac, Camus, ou Randau, tous leurs auteurs, intellectuels et artistes francophones, farabophones, berbérophones ou arabophones. Sans exclusion, aucune. Un jour, peut être . . . Un jour, sans doute, dans une Algérie multiple, républicaine, libre et démocratique, une Algérie enfin algérienne dans un Maghreb maghrébin.

BIBLIOGRAPHIE

Adotévi, Stanislas. *Négritude et négrologues*. Paris: UGE 10/18, 1972.
Aissou, Abdel. *Les beurs*. Paris: L'harmattan, 1987.
Aktouf, Omar. *Algérie entre l'exil et la curée*. Paris: L'Harmattan, 1989.
Algérie Littérature Action, n 17, Paris: Marsa, 1998.
"Alger lance un ultime youyou à kateb Yacine." *Libération*. 2 Nov. 1989.
Alessandra, Jacques. "Pourquoi Kateb Yacine a-t-il abandonné l'écriture française?" *Présence Francophone* n 24. Sherbrooke: Celef, 1982.
Amrouche, Jean. *L'éternel Jugurtha*. Paris: Du Quai, 1987.
———. *D'une amitié*. Aix en Provence: Edisud, 1985.
Arnaud, Jacqueline. *La littérature maghrébine de langue française*. Paris: Publisud 1986.
———. *Le cas de Kateb Yacine*. Paris: Publisud, 1986.
———. *Kateb Yacine L'oeuvre en fragments*. Paris: Sindbad, 1986.
Balta, Paul. *La stratégie de Boumédiene*. Paris: Sindbad, 1978.
Barrada, Hamid. "Kateb Yacine dit tout," *Jeune Afrique Magazine*. Paris: Jul–Aug. 1988.
———. "Kateb Yacine dit tout, suite," *Jeune Afrique Magazine*. Paris: Jul–Aug. 1988.
Barthes, Roland. *Essais critiques*. Points, Paris: Seuil, 1964.
Beaucé, Thierry de. *Nouveau discours sur l'universalité de la langue française*. Paris: Gallimard, 1988.
Begag, Azouz. *Le gone du chaâba*. Paris: Seuil, 1886.
Belvaude, Catherine. *L'Algérie*. Paris: Karthala, 1991.
Ben Jelloun, Tahar. *L'écrivain public*. Paris: Seuil, 1983.
———. *Hospitalité française*. Paris: Seuil, 1984.
———. *La mémoire future*. Paris: Seuil, 1976.
———. "Kateb Yacine à l'écoute de son peuple," *Le Monde Diplomatique*. Paris: Nov. 1975.
Benrabah, Mohamed. *Langue et pouvoir en Algérie*. Paris: Sequier, 1999.
Bonn, Charles. *Anthologie de la littérature algérienne*. Paris: Poche, 1990.
———. *La littérature algérienne de langue française et ses lectures*. Sherbrooke, Quebec: Naaman, 1974.
Boudjedra, Rachid. *FIS de la haine*. Paris: Denoël, 1992.

Bourdieu, Pierre *Esquisse d'une théorie de la pratique*. Genève: Droz, 1972.
———. *Sociologie de l'Algérie*. Paris: PUF, Que sais-je? 1974.
Camus, Albert. *Actuelles III*. Paris: Gallimard, 1958
———. *L'étranger*. Paris: Gallimard, 1957.
———. *L'exil et le royaume*. Paris: Gallimard, 1958.
Céline, L.F. *Voyage au bout de la nuit*. Paris: Gallimard,1952.
———. *Bagatelles pour un massacre*. Paris: Denoël, 1937.
Césaire, Aimé. *Une tempête*. Paris: Seuil, 1969.
———. *Le discours sur le colonialisme*. Paris: Présence Africaine, 1981.
Chaker, Salem. *Berbères aujourd'hui*. Paris: L'harmattan, 1998.
Chatenet, Jean. *Petits blancs, vous serez tous mangés*. Paris: Seuil, 1970.
Cohen, Jean. "Colonialisme et racisme en Algérie" *Temps Modernes*. Nov. 1955, n. 116, 580–590.
Courrière, Yves. *Les fils de la toussaint* Paris: Fayard, 1967
Déjeux, Jean. *Femmes d'Algérie*. Paris: La Boîte à documents, 1987.
———. *Littérature algérienne contemporaine*. Paris: PUF, Que sais-je?, 1975.
———. *Littérature maghrébine d'expression française*. Paris: PUF, 1992.
———. *Littérature maghrébine de langue française*. Québec: Naaman, 1975.
Deleuze, Gilles. *Logique du sens*. Paris: Minuit, 1969.
Descombes, Vincent. *Le même et l'autre*. Paris: Minuit, 1979.
Eliade, Mircea. *Aspects du mythe*. Paris: Garnier, 1962.
Fanon, Frantz. *Peau noire masques blancs*. Paris: Seuil, 1952.
———. *Les damnés de la terre*. Paris: La Découverte, 1987.
"Faut-il enseigner aussi le berbère?" *Jeune Afrique* 7–13 Avr. 1969: 50–51.
Finkielkrault, Alain. *La défaite de la pensée*. Paris: Gallimard, 1987.
Foucault, Michel. *L'ordre du discours*. Paris: Gallimard, 1971.
———. "Le grand renfermement." *Histoire de la folie à l'âge classique*. Paris: Gallimard, 1972.
Gafaïti, Hafid. *Kateb Yacine: un homme, une oeuvre, un pays* Alger: Laphomic,1986
Gaspard, Françoise et Claude Servan-Schreiber. *La fin des immigrés*. Paris: Seuil, 1979.
Genette, Gérard. *Figures* 1. Paris: Seuil, 1966.
Girard, Patrick. "Solitaire, déchiré, révolté," *Jeune Afrique Magazine*. Dec. 89.
Giudice, Fausto. *Têtes de turcs en France*. Paris: La Découverte, 1989.
Glissant, Edouard. *Le discours antillais*. Paris: Seuil, 1981.
Gobard, Henri. *L'aliénation linguistique*. Paris: Flammarion, 1976.
Gontard, Marc. *Violence du texte*. Paris: L'harmattan, 1981.
Grandguillaume, Gilbert. *Arabisation et politique linguistique au Maghreb*. Paris: Maisonneuve et Larose, 1983.
Guérrin, Jean-Yves. *Camus et la politique*. Paris: L'Harmattan, 1986.
———. *Albert Memmi écrivain et sociologue*. Paris: L'harmattan, 1990.
Harbi, Mohamed. *Le FLN, mirage et réalité*. Paris: L'Harmattan, 1981.
———. "Les apprentis sorciers du FLN." *Le Nouvel Observateur* 18–24 July, 1991: 50–51.
Hommage à Jean Amrouche. *Etudes méditerranéennes*. 11 Paris, 1963.
Horne, Alistair. *A Savage War of Peace*. New York: Penguin, 1985.
Identité française. Paris: Tiercé, 1985.

Il faut enseigner l'arabe vivant. *Jeune Afrique* 6–12 Jan 1968.
Jakobson Roman. *Essais de linguistique générale*. Paris, Minuit, 1963.
Jean Amrouche. Marseille: Archives de la ville de Marseille, 1987.
Julien, Charles André. *Histoire de l'Afrique du Nord*. Paris: Payot, 1968.
Kane, Cheikh Hamidou. *L'aventure ambigue*. Paris: Julliard, 1961.
Kateb, Yacine. *Nedjma*. Paris: Seuil, 1956.
———. *Le cercle des représailles*. Paris: Seuil, 1959.
Khatibi, Abdelkebir. *Le roman maghrébin*. Paris: Maspero, 1968.
———. *Maghreb pluriel*. Paris: Denoël, 1983.
———. *La mémoire tatouée*. Paris: Denoël, 1971.
———. *La blessure du nom propre*. Paris: Denoël, 1974.
Lacheraf, Mostefa. *Algérie, nation et société*. Paris, Maspéro, 1967.
Lacoste Camille et Yves. *Maghreb, peuples et civilisations*. Paris: La découverte, 1995.
Lacouture, Jean. "Ce défaut français." *Esprit* Nov 1962: 775–783.
Laouedj, Zineb. "Algérie, mon pays pluriel", *Regards*, juin 1997
Lebjaoui, Mohamed. *Vérités sur la révolution algérienne*. Paris: Gallimard, 1970.
Leconte, Daniel. *Les pieds-noirs*. Paris: Seuil, 1980.
Léger, Jean Marc. *La francophonie: grand dessein, grande ambiguïté*. La Salle, Québec: Hurtubise, 1987.
Lejeune, Philippe. *Je est un autre*. Paris: Seuil, 1980.
Lentin, Albert Paul. *L'Algérie des colonels*. Paris: Editeurs Français Réunis, 1958.
———. *Le dernier quart d'heure*. Paris: Julliard, 1963.
Letourneau, Roger. *La formation des élites maghrébines*. Paris: CNRS, 1973.
Les violences en Algérie. Paris: Odile Jacob, 1998
Lorenzi, Léo. *Vies mêlées*. Paris: Messidor/Sociales, 1986.
Maschino, Maurice T. *Etes-vous un vrai français*. Paris: Grasset, 1988.
Memmi, Albert. *Ecrivains francophones du Maghreb*. Paris: Seghers, 1985.
———. *La dépendance*. Paris: Gallimard, 1979.
———. *La libération du juif*. Paris: Gallimard, 1966.
———. *La statue de sel*. Paris: Buchet-Castel, 1955. Paris: Gallimard, 1966.
———. *Portrait du colonisé*. Paris: Corréa, 1957. Paris: Gallimard, 1985.
———. *Les Français et le racisme*. Paris: Payot, 1965.
———. *Juifs et Arabes*. Paris: Gallimard, 1974.
———. *Portrait d'un juif*. Paris: Gallimard, 1962.
———. "La vie impossible de Frantz Fanon." *Esprit*. Sep 1971: 248–273.
Mouffok, Ghania. "Algérie, lutte de clans ou lutte de classes", *Le Monde Diplomatique*, juillet 2001.
Mouzouni, Lahcèn. *Le roman marocain de langue française*. Paris: Publisud, 1987.
Mudimbe, V.Y. *L'odeur du père*. Paris: Présence africaine, 1982.
Nebot, Didier. *La Kahéna, reine d'Ifrikya*. Paris:Anne Carrère, 1998
Nora, Pierre. *Les Français d'Algérie*. Paris: Julliard, 1960
Ory, P. et Sirinelli, J. F. *Les intellectuels en France de l'affaire Dreyfus à nos jours*. Paris: Armand Collin,1986.
Ouerdane, Amar. *La question berbère*. Québec: Septentrion, 1990.

Péju, Marcel. "Le retour de Kateb Yacine," *Jeune Afrique*. 28 Jan. 87.
Plenel, Edwy. "Le flirt de l'Iran avec l'extrême droite," *Le Monde*, 12 Août 1987, p 14.
Rejala, M'barek. "Spécificité culturelle et unité politique: Arabophones et Berbérophones en Algérie et au Maroc" *Temps Modernes* July, 1973
Reporters sans frontières. *Le drame algérien*. Paris: La découverte, 1996
Rioux, J.-P. et Sirinelli, J. F. *La guerre d'Algérie et les intellectuels français*. Paris: Complexes, 1991.
Robin, Maurice. *Camus et la politique*. Paris: L'Harmattan, 1986.
Roy, Jules. *La guerre d'Algérie*. Paris: Julliard, 1960.
Sadi, Saïd. *Algérie, l'échec recommencé*. Alger: Parenthèses, 1991.
Safran, William. "The French and their national identity: The quest for an elusive substance?" *French politics and society* 8.1 (1990): 56–67.
Sartre, Jean Paul. "Orphée noir." *Situations III*. Paris: Gallimard, 1949.
———. *Qu'est-ce que la littérature?*. Paris: Gallimard, 1948.
Saussure, Ferdinand de. *Cours de linguistique général*. London, 1978.
Sénac, Jean. *Pour une terre possible*. Paris : Marsa, 1999.
Senghor, Léopold Sédar. *Ce que je crois*. Paris: Grasset, 1988.
———. Liberté 3: *Négritude et civilisation de l'universel*. Paris: Le seuil, 1977.
———. *The Foundations of "Africanité" or "Négritude" and "Arabité"*. Trans. Mercer Cook. Paris: Présence africaine, 1971.
———. "Negritude and Arabism." *Afro-Asian Writings* 1968) 20–25. (in Présence Africaine 61 (1967): 94–102.)
Serreau, Geneviève. "Situation de l'écrivain algérien," *Les Lettres Nouvelles* n 40. Paris: Julliard, Jul-Août 1956.
Sow, Alfâ Ibrâhîm. *Langues et politique de langues en Afrique noire*. Paris: Nubia, 1977.
Tétu, Michel. *La francophonie*. Montréal: Guérin littérature 1987.
Turin, Yvonne. *Affrontements culturels dans l'Algérie coloniale*. Paris: Maspero, 1971.
Yetiv, Isaac. *Le thème de l'aliénation dans le roman maghrébin d'expression française*. Celef: Sherbrooke, Québec, 1974.

FRANCOPHONE CULTURES & LITERATURES

General Editors: Michael G. Paulson & Tamara Alvarez-Detrell

The Francophone Cultures and Literatures series encompasses studies about the literature, culture, and civilization of the Francophone areas of Africa, Asia, Europe, the Americas, the French-speaking islands in the Caribbean, as well as French Canada. Cross-cultural studies between and among these geographic areas are encouraged. The book-length manuscripts may be written in either English or French.

For further information about the Francophone Cultures and Literatures series and for the submission of manuscripts, contact:

>Michael G. Paulson
>Tamara Alvarez-Detrell
>c/o Dr. Heidi Burns
>Peter Lang Publishing, Inc.
>P.O. Box 1246
>Bel Air, MD 21014-1246

To order other books in this series, please contact our Customer Service Department:

>(800) 770-LANG (within the U.S.)
>(212) 647-7706 (outside the U.S.)
>(212) 647-7707 FAX

or browse online by series at:

>WWW.PETERLANGUSA.COM